Taomee淘米

赛尔号
SEER
seer.61.com

精灵对战
必胜指南

PK王者篇 1

江苏美术出版社
全国百佳图书出版单位

# 目录

# 鱼龙王

| | |
|---|---|
| 精灵序号: | 729 |
| 精灵属性: | 水系 |
| 进化阶段: | 高级 |
| 精灵性别: | 雌性 |
| 类　　型: | 收费精灵 |
| 属性相克: | 火、地 |
| 被　　克: | 草、圣灵、电 |

**9.5分**

## 推荐性格: 保守、胆小

35级 → 超进化 →

## 获得方法

　　在实验室可以看到一个鱼龙王的雕像。点击它，就出现了用米币购买的引导页面。如果想让远古鱼龙进化就必须买右边的"鱼龙进化套件"，之后，获得一个远古审判刻印。远古鱼龙进化即可成为鱼龙王。（"进化套件"有可能会撤掉，想要的小赛尔们最好抓紧时间购买。）

　　如果没有远古鱼龙，就需要购买左边的39米币的礼包，进而可以把碧水精元孵化成60级的鱼龙王。

　　目前鱼龙王已经绝版。

# 王者素质1：总体概况

自从远古鱼龙出现，就有玩家认为其堪称水系之王，但一直以来争议之声不断。随着鱼龙王的问世，水系之王的归属渐渐变得明晰起来。

鱼龙王的体力和特攻出众，配合相应的属性招数，无论是在外战还是内战之中，都具有较为明显的优势。但是，鱼龙王的攻击、防御和速度都偏低，遇到物攻高的精灵，比较容易被消减大部分体力，这一点在对战中必须小心。

**鱼龙王 9.9分** **鲁斯王 9.5分** **布林克克 9分**

# 王者素质2：技能分析

"暗潮"是先手技能，在内战时先手非常重要，所以要考虑使用。

"多重旋涡"的威力为100~160，需要看RP，初期可以依赖，有了"远古审判"就可以换掉啦。

"阴火烧"和"深海寒流"是对付草系的必杀技，"深海寒流"加刻印具有必中效果。

"祈雨"和"海洋祝福"既能强化攻击，又能加强防御，无论是对付物攻精灵，还是对付特攻精灵，都具有极大的威慑力。如果是物攻型的鱼龙王，可以选择"海洋祝福"；如果是特攻型的鱼龙王，那么"祈雨"更是强化的不二选择。

"洗礼"是加血技能，消耗战必备。"踏浪迎击"为后手招数，后出手的话威力可达130。

"咆哮龙破水"是物攻鱼龙王的大招，具有害怕的附属效果。

"滔天龙汲水"是特攻鱼龙王的大招，具有疲惫的附属效果。

"远古审判"是鱼龙王最变态的攻击招数，威力为150~220，加上刻印的话每次均可以发挥出最强的力量，即达到220的杀伤效果。

**鱼龙王 10分** **鲁斯王 9分** **布林克克 9.5分**

# 技 能 表

| 技能名 | 攻击类型 | 技能属性 | 威力 | 次数 | 等级 | 使用效果 |
|---|---|---|---|---|---|---|
| 叩　　击 | 物理攻击 | 普通 | 40 | 40 | 1 | |
| 鱼　　跃 | 属性攻击 | 普通 | – | 30 | 4 | 使目标的命中降低1个等级 |
| 暗　　潮 | 特殊攻击 | 水 | 40 | 30 | 9 | 先制 |
| 怜　　悯 | 属性攻击 | 普通 | – | 30 | 14 | 使目标的攻击降低1个等级 |
| 双鳍连打 | 物理攻击 | 水 | 40 | 25 | 19 | 连续攻击目标2次 |
| 多重旋涡 | 特殊攻击 | 水 | 20 | 25 | 24 | 连续攻击目标5~8次 |
| 灵光乍泄 | 属性攻击 | 普通 | – | 20 | 29 | 使自己的防御与特防提升1个等级 |
| 阴 火 烧 | 特殊攻击 | 火 | 80 | 20 | 34 | 10%的几率使目标烧伤 |
| 祈　　雨 | 属性攻击 | 普通 | – | 5 | 39 | 使自己的特攻与特防提升2个等级 |
| 深海寒流 | 特殊攻击 | 冰 | 120 | 15 | 44 | 10%的几率使目标冻伤 |
| 洗　　礼 | 属性攻击 | 普通 | – | 15 | 49 | 使自己的体力恢复1/2 |
| 踏浪迎击 | 物理攻击 | 水 | 65 | 20 | 54 | 若后制攻击,则威力提升至2倍 |
| 远古审判 | 特殊攻击 | 普通 | 0 | 5 | 59 | 威力随机140~220 |
| 海洋祝福 | 属性攻击 | 普通 | – | 10 | 64 | 使自己的攻击与防御以及速度提升1个等级 |
| 咆哮龙破水 | 物理攻击 | 水 | 150 | 5 | 69 | 10%的几率使目标害怕 |
| 滔天龙汲水 | 特殊攻击 | 水 | 150 | 5 | 74 | 10%的几率使目标疲惫 |

# 常用配招

| | |
|---|---|
| **内战建议配招** | 【咆哮龙破水】+【海洋祝福】<br>【祈雨】+【暗潮】or【洗礼】<br>+【远古审判】or【深海寒流】 |
| **外战建议配招** | 【滔天龙汲水】+【祈雨】<br>+【暗潮】or【洗礼】<br>+【远古审判】or【深海寒流】 |

# 学习力培养建议

| | |
|---|---|
| **建议1：刷满特攻和速度** | |
| 对应性格：保守、稳重、马虎 | |
| **建议2：刷满特攻和体力** | |
| 对应性格：保守、稳重、马虎、冷静 | |
| **建议3：刷满特攻和半速半体** | |
| 对应性格：保守 | |
| **建议4：刷满攻击和速度** | |
| 对应性格：孤独、固执、调皮 | |
| **建议5：刷满攻击和体力** | |
| 对应性格：孤独、固执、调皮、勇敢 | |
| **建议6：刷满攻击和半速半体** | |
| 对应性格：固执 | |

# 王者素质3：内战分析

　　水系的内战之王，非鱼龙王莫属性，大招"远古审判"配合刻印固定达到220威力，大多精灵均可被秒杀。

　　鱼龙王内战的最大敌人除了自己之外，就属鲁斯王、布林克克、远古鱼龙和阿葵利亚了。

　　遇到鲁斯王和布林克克，鱼龙王可以使用"海洋祝福"+"远古审判"。

　　遇到阿葵利亚和布林克克，可以先"祈雨"，然后再使用"远古审判"。

　　如果遇到了同类，那么就看谁的速度快了。招数的配置依旧是"祈雨"+"远古审判"，如果速度比对方慢也不用紧张，赶快使出"海洋祝福"，这之后就可以比对方快了。

**鱼龙王 10分**

**鲁斯王 9.5分**

**布林克克 8.5分**

# 王者素质4：外战分析

鱼龙王外战时，最需要小心对付的敌人是草系、电系和圣灵系。

遇到草系和圣灵系的精灵，鱼龙王基本就是"祈雨"+"远古审判"或者"深海寒流"，"远古审判"220的威力绝对可以信赖，"深海寒流"则是克制草系的神技。

鱼龙王如果遇到电系，那么就会陷入苦战。最常遇到的电系精灵当然是雷伊，特攻型的鱼龙王往往只能凭借运气来险中求胜，直接放大招试试吧。如果是物攻型的鱼龙王，此时会相对比较轻松，可以"海洋祝福"两次，然后使出"咆哮龙破水"。此外，物攻鱼龙王在速度慢于对手的情况下，"踏浪迎击"也是不错的选择。

**鱼龙王 9.5分**　　**鲁斯王 9分**　　**布林克克 8.5分**

## 王者点评

鱼龙王的优点是体力和特攻高，技能的设置很不错，像"远古审判"这样的招数目前为止仍然是独一无二的。

鱼龙王的缺点是防御和速度低。此外，获得鱼龙王是一定需要花钱的，小赛尔可以根据自己的经济情况决定是否有必要拥有。

综合各项评定，鱼龙王作为水系王者，当之无愧。

# 鲁斯王

| | |
|---|---|
| 精灵序号: | 306 |
| 精灵属性: | 水系 |
| 进化阶段: | 高级 |
| 精灵性别: | 雄性 |
| 类　　型: | 融合精灵 |
| 属性相克: | 火、地 |
| 被　　克: | 草、圣灵、电 |

**9.5分**

## 推荐性格: 固执、慎重、顽皮

25级　→　45级　→

## 获得方法

　　鲁斯王是由巴鲁斯和小鳍鱼融合而成的精灵。

　　巴鲁斯为伊优的高级进化形态。小鳍鱼在海洋星第三层捕捉。注意,小鳍鱼的三段进化形态都可以参与融合,结果不变。

　　在实验室进行融合,有一定几率可以成功得到蓝色元神珠。前往能量吸收地点——海洋星利牙鱼所在场景的中间柱子吸收能量,经过24小时即可孵化出鲁斯王的初级形态伊尤达。

# 王者素质1: 总体概况

鲁斯王可谓"全能型精灵"，体力十分突出，对于一只刷体力的鲁斯王来说，即便遇到草系和电系对手，也不一定会被其秒杀。

鲁斯王的招数配备极其丰富，攻击力与控制力兼备。

鲁斯王虽然天生速度慢，但攻击力的雄厚和牵制技能的优越已经足以弥补这个弱点。

此外，正是鲁斯王血厚低速的特质，造就了"克制"这一神技，令战局千变万化。

| 鱼龙王 9.9分 | 鲁斯王 9.5分 | 布林克克 9分 |

# 王者素质2: 技能分析

"闪击"是先制攻击，在内战的决胜时刻，往往是先出手者获胜。

"水流喷射"是水系特殊技能，威力较小，但为先制攻击，适合加特攻性格的鲁斯王！

"克制"效果是将所受伤害2倍反馈给对方。玩家之间的PK战中，基于"克制"的心理战非常有趣！

"剑舞"效果是自身攻击+2，物攻型鲁斯王必备的强化技能。

"漩涡"为水系特殊技能，命中时100%使对方冻伤，打BOSS时经常可以发挥出意想不到的奇效。

"白雾"效果是5回合不受能力下降效果影响，对于PK擅长属性技能战术的精灵非常有效。

"浪打千击"威力虽只有20，但在1回合可以做5~8次攻击，威力等于说是100~160，有可能比大招威力强，推荐加个"浪打千击"刻印，以此增加威力，配上鲁斯王的高攻击，低血低防的精灵直接被秒杀！

"随风逐浪"令自身特攻、特防、速度+1，加特防和速度是很有必要的，但是加特攻对于大多数的鲁斯王来说意义不大。

"湍流龙击打"是水系物理技能，威力150，是鲁斯王的杀手锏。

| 鱼龙王 10分 | 鲁斯王 9分 | 布林克克 9.5分 |

# 技 能 表

| 技能名 | 攻击类型 | 技能属性 | 威力 | 次数 | 等级 | 使用效果 |
|---|---|---|---|---|---|---|
| 闪 击 | 物理攻击 | 普通 | 45 | 35 | 1 | 先手技能 |
| 玩 水 | 属性攻击 | 普通 | – | 15 | 6 | 5回合内本方受到的火系攻击伤害减半 |
| 水流喷射 | 特殊攻击 | 水 | 40 | 20 | 12 | 先手技能 |
| 虚张声势 | 属性攻击 | 普通 | – | 15 | 18 | 100%提升自身防御2级 |
| 克 制 | 物理攻击 | 普通 | 0 | 5 | 23 | 将所受伤害2倍返还对手,必定后出招 |
| 海啸旋风 | 特殊攻击 | 水 | 70 | 30 | 28 | 10%的几率使对方冻伤 |
| 利爪攻击 | 物理攻击 | 普通 | 65 | 30 | 33 | – |
| 剑 舞 | 属性攻击 | 普通 | – | 15 | 38 | 100%提升自身攻击2级 |
| 漩 涡 | 特殊攻击 | 水 | 15 | 15 | 43 | 命中时100%使对方冻伤 |
| 龙 之 牙 | 物理攻击 | 龙 | 80 | 25 | 47 | |
| 白 雾 | 属性攻击 | 普通 | – | 30 | 51 | 5回合自身不受能力下降技能影响 |
| 排山倒海 | 特殊攻击 | 水 | 75 | 25 | 55 | 对方体力小于1/2时威力加倍 |
| 浪打千击 | 物理攻击 | 水 | 20 | 30 | 59 | 1回合做5~8次攻击 |
| 随风逐浪 | 属性攻击 | 普通 | – | 20 | 62 | 100%提升自身特攻、特防、速度1级 |
| 高压水枪 | 特殊攻击 | 水 | 120 | 10 | 65 | – |
| 巨龙之击 | 物理攻击 | 龙 | 100 | 10 | 68 | 15%降低对方防御1级 |
| 水天一色 | 属性攻击 | 普通 | – | 10 | 71 | 2回合水系技能威力为2倍 |
| 惊涛骇浪 | 特殊攻击 | 水 | 135 | 5 | 74 | 15%降低对方特防1级 |
| 湍流龙击打 | 物理攻击 | 水 | 150 | 5 | 79 | 连续使用每次威力增加20,最高威力190 |

# 常用配招

| 内战建议配招 | 【湍流龙击打】+【剑舞】<br>+【克制】or【漩涡】<br>+【随风逐浪】or【虚张声势】 |
|---|---|
| 外战建议配招 | 【湍流龙击打】+【剑舞】<br>+【克制】+【闪击】 |

# 学习力培养建议

| 建议1：刷满攻击和体力 |
|---|
| 对应性格：固执、勇敢 |

| 建议2：刷满特防和物攻 |
|---|
| 对应性格：慎重、狂妄 |

| 建议3：刷满防御和物攻 |
|---|
| 对应性格：顽皮、悠闲 |

# 王者素质3：内战分析

　　鲁斯王内战，第一回合双方一般都是先用"剑舞"，第二回合较量才真正开始——究竟自己是用"克制"呢，还是直接上去出必杀技呢？这个问题一般都会令小赛尔异常纠结！

　　根据"剑舞"的顺序我们可以看出谁快谁慢，如果对方快的话，那么"克制"将是个不错的选择，因为80级以上鲁斯王要3次"剑舞"才可以秒掉对方，一次"剑舞"的话打两下就可以了，对方一般会借着速度快而一次"剑舞"就出手，我方可以利用"克制"直接反秒对方。

　　如果是我方速度快的话，可以先用"虚张声势"，消除掉对方第一回合剑舞的影响。此时不要着急，观察对方动向再决定是否出手；如果对方再次"剑舞"，那么我们就可以上手进攻了；如果对方"克制"，那么我们继续"剑舞"，坚持2回合就是胜利。

鱼龙王 **10分**

鲁斯王 **9.5分**

布林克克 **8.5分**

# 王者素质4：外战分析

多精灵对战中，鲁斯王主要是秒杀对方主力精灵的王牌。

比如说，我们的第一只精灵被秒杀，那么第二回合就可以直接上鲁斯王，用"克制"秒掉对方的首发，再给对方的二发挂上冻伤，削弱他的战斗力，任务就算完成了。由于鲁斯王速度并不快，很少有以鲁斯王作为主力的战术，但鲁斯王凭借"克制"往往可以把战斗的主动权掌握到自己的手中。

实战中对水系：鲁斯王"剑舞"一次，"湍流龙击"打一次，"闪击"一次。如此一来还活着的只有刷体力的少数精灵，再一次"闪击"即可将其击毙。对火系：一般"湍流龙击打"两次即可决定胜负，"闪击"作为后备。对草系：使用"克制"或者"湍流龙击打"两次，再加"闪击"一次。对飞行系："湍流龙击打"1~2次，"闪击"一次。对电系：只能"克制"定乾坤啦。对地面："湍流龙击打"两次分出胜负。对机械："克制"或"湍流龙击打"两次。对冰系："湍流龙击打"1~2次，"闪击"一次。对超能系："克制"战术或"剑舞"一次，"湍流"一次，"闪击"一次。

打巅峰时的推荐技能为："浪打千击"、"巨龙之击"、"随风逐浪"；刷王者之塔配招："随风逐浪"、"虚张声势"、"浪打千击"。

**鱼龙王 9.5分**　**鲁斯王 9分**　**布林克克 8.5分**

## 王者点评

所有品种的鲁斯王遇到被克系时，当对方的攻击压得你喘不过气来，快用上"克制"。遇到克制系但比较难打的用"剑舞"，再使用"湍流龙击打"。鲁斯王以攻击占优势，打不过的用令人头疼的"克制"。"剑舞"配"湍流龙击打"，第三次使用时威力达到190以上，相当恐怖！

# 布林克克

| | |
|---|---|
| **精灵序号**: | 359 |
| **精灵属性**: | 水系 |
| **进化阶段**: | 高级 |
| **精灵性别**: | 雌性 |
| **类　　型**: | 暗黑精灵 |
| **属性相克**: | 火、地 |
| **被　　克**: | 草、圣灵、电 |

**9.3分**

## 推荐性格: 固执、开朗

20级

40级

## 获得方法

进入暗黑之门的第六门，选择最右侧的进行挑战，胜利后即可获得布林克克的精元。

# 王者素质1：总体概况

布林克克的体力一般，但物攻十分优秀。物防方面还算令人满意，可确保不容易被高攻击的精灵所秒杀。特攻则出乎意料的高，或许是为它的那招暗影系特攻——"邪光水泵"所准备的。特防一般，只能通过"吸水"来强化。布林克克是水系精灵，所以说速度方面不需苛求，后发制人反而有更多优势。

在学习力的安排方面，最推荐刷攻击和速度，也可以选择刷攻击/特攻和体力，但是布林克克的体力资质值并不高，如果另类一点的话，甚至可以刷双防和体力。当一只干扰型的精灵——布林克克的干扰技能还是挺多的，比如："洒水"令对方特攻-1，"彷徨"是令对方攻击-2，"瞪眼"可令对方防御-1。

| 鱼龙王 9.9分 | 鲁斯王 9.5分 | 布林克克 9.3分 |

# 王者素质2：技能分析

"呐喊"命中时100%特攻+2。刷特攻的布林克克可以带此招数，是极佳的辅助。

"闪光一击"威力70，优先出招，PK时建议携带。

"彷徨"使用成功时，100%令对方攻击等级-2。打塔或者挑战BOSS时可以使用。

"剧蚀之触"10%令对方中毒。威力是个体值乘等级乘100除以100，例如：31个体×5×100÷100=155。

"诡异气味"技能使用成功时，100%令自身攻击等级+1，防御等级+1。既有强化攻击的效果，又可以加强防御。

"邪光水泵"是暗影特攻，威力150，10%令对方冻伤。水系精灵携带暗影系大招还是非常少见的，可惜是特攻。

"海妖之力"是属性攻击，技能使用成功时，100%令自身攻击等级+2。强化招数。

"混沌潮汐"威力150，20%令自身特攻等级+1。作为大招，威力够，但附加效果不给力。

"海洋之心"可降低对方最大体力的1/4。这是布林克克和布鲁克克的成名绝技，是打塔或者挑战BOSS必带的技能。

| 鱼龙王 10分 | 鲁斯王 9分 | 布林克克 9.5分 |

# 技　能　表

| 技能名 | 攻击类型 | 技能属性 | 威力 | 次数 | 等级 | 使用效果 |
|---|---|---|---|---|---|---|
| 抓 | 物理攻击 | 普通 | 40 | 35 | 1 | 降低目标1/4的体力 |
| 瞪　眼 | 属性攻击 | 普通 | – | 30 | 6 | 使目标的防御降低1个等级 |
| 水　弹 | 物理攻击 | 水 | 60 | 35 | 11 | 容易造成致命一击 |
| 浊　水　泡 | 特殊攻击 | 水 | 50 | 30 | 16 | |
| 呐　喊 | 特殊攻击 | 普通 | – | 20 | 20 | 使自己的攻击提升2个等级 |
| 闪光一击 | 物理攻击 | 普通 | 70 | 30 | 25 | 先制攻击 |
| 贯穿水枪 | 特殊攻击 | 水 | 70 | 25 | 30 | 若先制攻击,则威力提升至2倍 |
| 彷　徨 | 属性攻击 | 普通 | – | 20 | 35 | 使目标的攻击降低2个等级 |
| 涌　泉 | 物理攻击 | 水 | 70 | 20 | 38 | 若后制攻击,则威力提升至2倍 |
| 海浪咆哮 | 特殊攻击 | 水 | 90 | 20 | 41 | 10%的几率使目标冻伤 |
| 吸　水 | 属性攻击 | 普通 | – | 20 | 44 | 使自己的特防提升2个等级 |
| 剧蚀之触 | 物理攻击 | 普通 | 10 | 10 | 47 | 威力=体力上限×33%+个体,10%的几率使目标中毒 |
| 洒　水 | 属性攻击 | 普通 | – | 40 | 50 | 使目标的特攻降低1个等级 |
| 酸　雨 | 特殊攻击 | 水 | 120 | 10 | 54 | 20%的几率使目标的特防降低1个等级 |
| 诡异气味 | 属性攻击 | 普通 | – | 15 | 58 | 使自己的攻击与防御提升1个等级 |
| 激浪残卷 | 物理攻击 | 水 | 100 | 15 | 62 | 10%的几率使目标冻伤 |
| 邪光水泵 | 特殊攻击 | 暗影 | 150 | 5 | 66 | 10%的几率使目标冻伤 |
| 海妖之力 | 属性攻击 | 普通 | – | 10 | 70 | 使自己的攻击提升2个等级 |
| 混沌潮汐 | 物理攻击 | 水 | 150 | 10 | 74 | 20%的几率使自己的特攻提升1个等级 |
| 海洋之心 | 属性攻击 | 普通 | – | 20 | 78 | 降低目标1/4HP |

| **内战建议配招** | 【混沌潮汐】+【海洋之心】+【海妖之力】+【吸水】or【彷徨】or【洒水】 |
|---|---|
| **外战建议配招** | 【海洋之心】or【剧蚀之触】+【混沌潮汐】+【闪光一击】+【海妖之力】 |

# 学习力培养建议

| **建议1：刷满攻击和速度** |
|---|
| 对应性格：固执、开朗 |
| **建议2：刷满攻击和体力** |
| 对应性格：固执、孤独 |
| **建议3：刷满攻击，刷速度125，刷体力130** |
| 对应性格：固执 |

# 王者素质3：内战分析

　　布林克克被很多人称为"水系内战之王"，可与它一较高下的只有鱼龙王、鲁斯王和约凡撒。

　　遇到鲁斯王，如果对手先出手，布林克克优秀的体力可确保不至于被一招秒杀，此时则可以趁机使用海妖之力。对手一般接下来会使用"湍流龙击打"，布林克克使用"剧蚀之触"或"混沌潮汐"即可获胜。

　　如布林克克先出手，则可连续两次使用"海妖之力"，再使用"剧蚀之触"，胜券稳操。

　　遇到会镇魂歌的约凡撒的话，一般对手会先使用"镇魂歌"，布林克克直接"剧蚀之触"，约凡撒"蔚蓝背甲"，布林克克继续"剧蚀之触"，对手加血，我方则继续以"剧蚀之触"应对，如对手是刷防御和体力的话（较为少见），我方则有失败的危险，否则坚持即可获胜。此外，如约凡撒只以"蔚蓝背甲"加强攻击力，我们则回应"海妖之力"，反复若干次后，以"混沌潮汐"将其击毙。

　　遇到鱼龙王，使用"远古审判"时，布林克克可以反复使用"剧蚀之触"加"闪光一击"结束战斗。如鱼龙王"祈雨"或"海洋祝福"，布林克克则"海妖之力"，然后就是"远古审判"和"剧蚀之触"的对决，布林克克需以"闪光一击"在下回合抢先出手，奠定胜局。

鱼龙王 **9.7分**

鲁斯王 **9.5分**

布林克克 **9.8分**

# 王者素质4：外战分析

　　布林克克的杀伤力是非常可怕的，根据体力和个体而变化威力的"剧蚀之触"很具威慑力，如果你的布林克克是满个体的话，配合刻印以及体力腰带，将会给对手造成极大伤害。先制+2的"闪光一击"也不错，赛尔之间的PK，这招往往作为最后的杀手锏。

　　布林克克遇到被克系的精灵时，如体力能挺住1回合以上（包括1回合），可先用"海妖之力"，再上"混沌潮汐"即可。

　　遇到克制系但比较难打的先用"海洋之心"，再用"海妖之力"提升攻击力，以"混沌潮汐"结束战斗。

　　虽然布林克克物攻资质值高，但技能上特攻招多，再加上最后大招"混沌潮汐"的特效是加特攻的，所以也可保留"邪光水泵"，有时可以直接当它是暗影系精灵使用，这一点在对战草系精灵时效果尤为明显！

　　打巅峰时的推荐技能为："闪光一击"、"海妖之力"、"混沌潮汐"、"海洋之心"；刷王者之塔配招："闪光一击"、"海妖之力"、"混沌潮汐"、"海洋之心"/"洒水"/"剧蚀之触"。

鱼龙王 **9.5分**　　鲁斯王 **9分**　　布林克克 **8.5分**

# 王者点评

　　布林克克可以用来打BOSS，也可以在内战中叱咤风云。布林克克配以黑暗加成，秒杀正常防御的精灵不在话下，即使秒不掉，加"闪光一击"（先制+2，威力70）也足以让对方毙命。布林的"海妖之力"+"剧蚀之触"可以灭草系400多血，威力150的技能PP居然达10次之多，任何精灵只要不克制/微弱克制、不致命，一般最后都是布林克克获胜。

21

# 炎魔

| | |
|---|---|
| 精灵序号: | 760 |
| 精灵属性: | 火系 |
| 进化阶段: | 高级 |
| 精灵性别: | 雄性 |
| 类　　型: | 收费精灵 |
| 属性相克: | 机械、冰、草 |
| 被　　克: | 地、圣灵、水 |

**9.6分**

**推荐性格: 固执、开朗**

35级

## 获得方法

　　目前，只要小赛尔前往瞭望露台，就可以在这里玩"幸运九宫格豪华版"，有机会获得炎魔。

　　一般情况下，炎魔会出现在最后一行的最后一格，也就是需要花费45米（第一格用赛尔豆）。幸运的话，也有可能在最后一行第二格或者第一格得到炎魔，分别需要36米币和26米币。

# 王者素质1：总体概况

炎魔天赋优异，高攻击是它的一个亮点，速度虽然有点慢，但体力的充足弥补了它的这个缺点。招数配置全面，既有超强的"天罚"，也有先手攻击"暗算"，辅助技能也很丰富，在火系内战中优势明显。

超进化之后，炎魔的种族值合计比上古炎兽多了10点，达到610。炎魔的两个米币套装都是直接开启通用刻印孔，且赠送"天罚强化刻印"，其作用是保持攻击最大次数，伤害略微降低。总体来说还是相当给力的。

| 炎魔 9.9分 | 魔焰猩猩 9.8分 | 赫尔托克 9.7分 |

# 王者素质2：技能分析

"干涸"100%令对方特防等级-1，用于瓦解对手的特防，以便取得更明显的攻击效果。

"暗算"威力70，先手招数，在精灵对战中必不可少。

"惊吓"命中后100%令对方害怕，辅助型的招数，可以借此打乱对手的攻击部署。

"直觉闪避"100%令自身防御等级+2，强化自身，以抵御高物攻型对手的打击。

"天罚"威力30，1回合做4~8次攻击。杀伤力强劲，是可以信赖的战场杀招。打水系地面系必备，加刻印可必中，最高威力240!

"枯萎"100%令对方特防等级-2，瓦解对手的特防，特攻型的上古炎兽建议配备此招。

"野火燎原"威力120，组队时可影响3个目标，组队战必不可少的招数。

"热血"100%令自身攻击等级+2，速度等级+1。效果相当强劲，同时增加攻击力和速度，弥补了上古炎兽速度慢的缺点，使其攻势更加无法阻挡。

"苍炎日无极"威力150，命中后10%令对方害怕。这是上古炎兽的最大招，奠定胜局所必备。

| 炎魔 9.8分 | 魔焰猩猩 9.5分 | 赫尔托克 9.7分 |

# 技能表

| 技能名 | 攻击类型 | 技能属性 | 威力 | 次数 | 等级 | 使用效果 |
|---|---|---|---|---|---|---|
| 扑击 | 物理攻击 | 普通 | 50 | 30 | 1 | – |
| 干涸 | 属性攻击 | 普通 | – | 30 | 4 | 降低对方特防1级 |
| 暗算 | 物理攻击 | 普通 | 70 | 25 | 9 | – |
| 火环 | 特殊攻击 | 火 | 55 | 35 | 14 | – |
| 集火 | 属性攻击 | 普通 | – | 30 | 19 | 1回合攻击伤害是正常状态下的2倍 |
| 火焰车 | 物理攻击 | 火 | 95 | 25 | 24 | 10%几率令对方烧伤 |
| 赤光波 | 特殊攻击 | 火 | 80 | 20 | 29 | – |
| 惊吓 | 属性攻击 | 普通 | – | 20 | 34 | 命中后100%令对方害怕 |
| 战斗舞 | 物理攻击 | 战斗 | 90 | 20 | 38 | – |
| 燃烧火焰 | 特殊攻击 | 火 | 105 | 10 | 43 | – |
| 直觉闪避 | 属性攻击 | 普通 | 0 | 20 | 48 | 提升自身防御2级 |
| 天罚 | 物理攻击 | 普通 | 30 | 10 | 53 | 1回合做4~8次攻击 |
| 枯萎 | 属性攻击 | 普通 | 0 | 20 | 58 | 降低对方防御2级 |
| 野火燎原 | 特殊攻击 | 火 | 120 | 10 | 63 | 组队时可影响3个目标 |
| 热血 | 属性攻击 | 普通 | – | 15 | 68 | 提升自身攻击2级,速度1级 |
| 苍炎日无极 | 物理攻击 | 火 | 150 | 5 | 73 | 10%几率令对方害怕 |

# 常用配招

| 内战建议配招 | 【热血】+【暗算】<br>+【惊吓】+【苍炎日无极】<br>or【天罚】 |
|---|---|
| 外战建议配招 | 【热血】+【暗算】<br>+【苍炎日无极】【天罚】 |

# 学习力培养建议

**建议：刷满攻击和速度**

对应性格：固执、调皮、孤独、开朗、急躁、天真

# 王者素质3：内战分析

炎魔对战魔焰猩猩，第一回合用"热血"，遇到对方用"觉醒"，那么第二回合用"天罚"，魔焰猩猩基本就会被击败，胜率95%左右。但如果对手是体力较高的特攻型魔焰猩猩，往往会直接使用"不灭之火"+"不灭之火"+"音速火拳"，那么炎魔就有输掉的可能。

炎魔对赫尔托克，最佳战术是采用"热血"+"惊吓"+"热血"+"天罚"，"惊吓"的效果是"命中后100%令对方害怕"，在赫尔托克无法攻击的状态下，炎魔趁机再次强化，接着即可用"天罚"获胜。

对战洛吉拉斯时，第一回合用"热血"，对方会用"空气切裂"或"热量集合"，但基本不会造成威胁，第二回合用"天罚"获胜。

对战炽翼蝶或火爆鼠时，不管对方用什么招式，第一、二招都用"热血"，第三回合补血，第四回合"天罚"解决！

如果是炎魔之间的战斗，建议第一回合用"直觉闪避"，对方可能用"热血"或"天罚"或"直觉闪避"，第二回合再用"直觉闪避"，对方可能用"热血"或"天罚"或"直觉闪避"，第三回合补血，对方用"热血"或"天罚"，第四回合用"直觉闪避"，对方可能用"热血"或"天罚"，第五、六回合用"热血"，第七回合补血，第八回合用"天罚"获胜。

| 炎魔 | 9.5分 |
| --- | --- |
| 魔焰猩猩 | 9.5分 |
| 赫尔托克 | 9.5分 |

# 王者素质4: 外战分析

对战水系精灵，如果对手是鲁斯王，那么第一、二回合用"直觉闪避"，第三回合补血，第四、五回合用"热血"，第六回合补血，第七回合用"天罚"！如果炎魔的物防高的话，"直觉闪避"也可以只用一次。如果对手是布鲁克克、远古鱼龙、布林克克、约凡撒，那么获胜的希望就比较渺茫，毕竟是被克制的关系啊。

对手是草系相对就轻松多了，面对丽莎布布、辛奇帕克、宾波、伊卡莱恩、卡特斯等，胜率基本都是100%。

对战飞行系的哈尔翼蜂时，第一回合放"天罚"，第二回合可用"暗算"搞定。对战闪光波克尔时，第一回合用"热血"，第二回合放"天罚"，第三回合用"暗算"致命一击。

对战电系的闪光电击兔、天雷鼠，可以直接放"天罚"解决，胜率颇高。对付掌握了"雷神天明闪"的雷伊会比较困难，往往会被对手强化后以"瞬雷天闪"击杀。

对战地面系的卡斯达克、卡鲁克斯、鲁加斯，也一样使用"天罚"加"暗算"解决，如果你的炎魔个体高的话，直接大招就解决了！

对战龙系，建议"热血"一次，然后"苍炎日无极"一举获胜。

其他系在此不一一列举，战术基本都是先强化一或两次，然后大招"苍炎日无极"或"天罚"秒杀之！

| 炎魔 | 9.5分 | 魔焰猩猩 | 9.8分 | 赫尔托克 | 9.3分 |

  王者点评

炎魔是一个非常不错的精灵，它种族好，技能佳，尤其配上吉米丽娅后是可以秒团的。所以，炎魔是一个非常值得炼的精灵，建议重点培养。

# 魔焰猩猩

| | |
|---|---|
| 精灵序号 | 309 |
| 精灵属性 | 火系 |
| 进化阶段 | 高级 |
| 精灵性别 | 雄性 |
| 类　　型 | 融合精灵 |
| 属性相克 | 机械、冰、草 |
| 被　　克 | 地、圣灵、水 |

**9.5分**

**推荐性格：固执、保守、胆小、开朗、天真**

20级 → 40级 →

## 获得方法

　　魔焰猩猩是融合精灵。首先，小赛尔必须拥有作为主融合精灵的烈焰猩猩。烈焰猩猩为小火猴的高级进化形态。其次，小赛尔需要捕捉到吉尔。捕捉地点是在火山星洞穴内。注意，吉尔的三段进化形态都可以参与融合，不会影响融合的结果。

　　融合成功后得到红色元神珠，到火山星吸收能量，经过孵化后即可得到魔焰猩猩。

# 王者素质1：总体概况

魔焰猩猩的速度天赋优秀，是赛尔号速度最快的精灵之一。此外，其双攻保持平衡，这决定了魔焰猩猩有两种强悍的类型选择。双防也算平衡而且不低，确保其具备一定的生存能力。

但是，魔焰猩猩被上古炎兽克制（上古炎兽的"热血"+"天罚"几乎百分百可以干掉魔焰猩猩），特攻型魔焰猩猩是赫尔托克的克星，但物攻型魔焰猩猩则又很容易被赫尔托克干掉。总之，这三大火系精灵之间相互克制的关系相当复杂。

| 炎魔 9.9分 | 魔焰猩猩 9.8分 | 赫尔托克 9.7分 |
|---|---|---|

# 王者素质2：技能分析

"挑拨"100%令对方命中等级−1，是对战中有效的牵制技能。

"火花"是特殊攻击，威力40，命中后10%令对方烧伤，是特攻型魔焰猩猩必备的先手招数。

"音速火拳"威力70，先手技能，物攻型魔焰猩猩必备。

"火焰漩涡"威力15，命中后100%令对方烧伤。

"绝命火焰"是特殊攻击，威力100，命中时5%的概率秒杀对方。在BOSS战中是屡建奇功的招数。

"超速"100%令自身速度等级+2。原本速度方面已经是少有对手，这样一来更是快中之快。

"绝地反击"威力100，自身在烧伤、冻伤、中毒状态下造成的伤害加倍，置之死地而后生的招数。

"觉醒"100%令自身攻击、特攻等级+2，对于双攻都有提升。

"不灭之火"威力150，5回合内每回合都能附加30点固定伤害。特攻型魔焰猩猩的最终必杀技，其威力逐步递增。

"魔焰裂空击"威力150，使用后5回合攻击击中对方要害概率增加1/16。最终必杀技，其击中要害的可能性逐步递增。

| 炎魔 9.8分 | 魔焰猩猩 9.5分 | 赫尔托克 9.7分 |
|---|---|---|

# 技能表

| 技能名 | 攻击类型 | 技能属性 | 威力 | 次数 | 等级 | 使用效果 |
|---|---|---|---|---|---|---|
| 疯狂乱抓 | 物理攻击 | 普通 | 25 | 15 | 1 | 1回合做2~5次攻击 |
| 挑拨 | 属性攻击 | 普通 | – | 20 | 5 | 100%降低对方命中1级 |
| 火花 | 特殊攻击 | 火 | 40 | 25 | 10 | 命中后10%令对方烧伤 |
| 音速火拳 | 物理攻击 | 火 | 70 | 25 | 15 | 先手技能 |
| 折磨 | 属性攻击 | 普通 | – | 25 | 19 | 100%降低对方防御1级 |
| 烧尽 | 特殊攻击 | 火 | 65 | 35 | 24 | 命中后10%令对方烧伤 |
| 灵绝击 | 物理攻击 | 普通 | 80 | 25 | 29 | 自身HP小于1/2时威力加2倍 |
| 压迫 | 属性攻击 | 普通 | – | 30 | 34 | 100%降低对方攻击2级 |
| 火焰漩涡 | 特殊攻击 | 火 | 15 | 15 | 39 | 命中后100%令对方烧伤 |
| 火焰车 | 物理攻击 | 火 | 95 | 25 | 43 | 命中后10%令对方烧伤 |
| 冥想 | 属性攻击 | 普通 | – | 20 | 47 | 100%提升自身攻击、特攻1级 |
| 绝命火焰 | 特殊攻击 | 火 | 100 | 10 | 51 | 命中时5%的概率秒杀对方 |
| 全力一击 | 物理攻击 | 普通 | 120 | 5 | 55 | – |
| 超速 | 属性攻击 | 普通 | – | 30 | 59 | 100%提升自身速度2级 |
| 烈焰冲撞 | 特殊攻击 | 火 | 125 | 15 | 63 | 对方所受伤害的1/4会反弹给自己 |
| 绝地反击 | 物理攻击 | 普通 | 100 | 10 | 66 | 自身在烧伤、冻伤、中毒状态下造成的伤害加倍 |
| 觉醒 | 属性攻击 | 普通 | – | 10 | 69 | 100%提升自身攻击、特攻2级 |
| 不灭之火 | 特殊攻击 | 火 | 150 | 5 | 72 | 5回合内，每回合都能附加30点固定伤害 |
| 魔焰裂空击 | 物理攻击 | 火 | 150 | 5 | 77 | 使用后5回合攻击中对方要害概率增加1/16 |

# 常用配招

| | |
|---|---|
| **内战建议配招** | 【不灭之火】or【魔焰裂空击】+【音速火拳】or【火花】+【全力一击】or【灵绝击】+【觉醒】or【挑拨】 |
| **外战建议配招** | 【不灭之火】or【魔焰裂空击】+【音速火拳】or【火花】+【全力一击】or【灵绝击】+【觉醒】or【挑拨】 |

# 学习力培养建议

**建议1：刷满攻击和速度**

对应性格：固执、调皮、孤独、开朗、急躁、天真

**建议2：刷满特攻和速度**

对应性格：马虎、保守、稳重、天真、急躁、胆小

# 王者素质3：内战分析

　　魔焰猩猩内战最大的敌人就是上古炎兽和赫尔托克。遇到上古炎兽，魔焰猩猩基本会输，只能不停地依靠"挑拨"来减低对手命中，或者利用"觉醒"强化后，用"全力一击"和"灵绝击"，也可以用"压迫"减上古炎兽的攻击等级。尽管有这些选择，但魔焰猩猩失败的可能性依旧极高。

　　遇到赫尔托克，可以用"火焰漩涡"、"挑拨"、"压迫"等，但是成功率都不高。最直接的战法是，双方都采用强化，接着魔焰猩猩"不灭之火"或"魔焰裂空击"，赫尔托克"寂灭的咆哮"或"冥火炎爆"，如果此时魔焰猩猩尚未毙命，那么就可以采用先手招数取得胜利，毕竟赫尔托克是没有先手的。

　　魔焰猩猩间的战斗分三种。

　　1."灵绝击"打法："觉醒"＋"觉醒"＋"灵绝击"（速度快）或者"觉醒"＋"灵绝击"（速度慢）。"灵绝击"是自己血少于1/2时威力加倍，好好利用往往效果惊人。破解的方法是"觉醒"＋"觉醒"＋"觉醒"＋"不灭之火"。

　　2."音速火拳"打法："觉醒"＋"不灭之火"＋"音速火拳"。要点是趁对手血量不足时，最后抢先一击结束战斗。破解的方法是"不灭之火"＋"不灭之火"。这时如果对手还没毙命，第三轮出"音速火拳"，这里就看谁的速度快了。

　　3."不灭之火"/"魔焰裂空击"打法：连续"不灭之火"或连续"魔焰裂空击"。如果特攻（物攻）优异，一般可直接搞定。破解方法是以相同的方法对攻，速度快的一方最后获胜。

| 炎魔 | 9.5分 |
| 魔焰猩猩 | 9.5分 |
| 赫尔托克 | 9.5分 |

# 王者素质4：外战分析

　　因为魔焰猩猩的速度优势明显，基本可以盖过任何精灵（训练后雷伊和它一样），所以大招+先手一般可以击毙大部分精灵。

　　魔焰猩猩的技能可谓应有尽有，战术上选择余地极大。

　　物攻型的魔焰猩猩以"魔焰裂空击"为主要攻击技能。如果是为了对抗水系，建议配招为"魔焰裂空击"+"火焰漩涡"+"灵绝击"+"音速火拳"——这样配招的使用要领就是：先用"火焰漩涡"让对方烧伤并且攻击减半，再用号称"火系克制"的"灵绝击"给对方致命一击。这样对于水系有80%的胜率，不过假如遇到血攻型的水系精灵就只能碰运气了。

　　特攻型的魔焰对于水系没有太大的抵抗力，但是有一个5%几率秒杀的神技——"绝命火焰"！这招不只是针对精灵对战，在BOSS战中也有很大的作用哦。

　　魔焰猩猩遇到物攻型的精灵时可以用"压迫"，对付地面系还有一招是"火焰漩涡"，它的隐藏效果是对方烧伤时，技能的威力减半，也可以用"挑拨"减命中。

　　魔焰猩猩外战的技能选择余地很大，我们无法准确地写出最好的方案，但只要根据自己精灵的特点配招，相信一定可以打出属于你自己的战术。

| 炎魔 9.5分 | 魔焰猩猩 9.8分 | 赫尔托克 9.3分 |

  ## 王者点评

　　魔焰猩猩是新手必练的精灵之一，对于BOSS有很好的克制作用，"绝命火焰"往往可以发挥奇效，将不可一世的BOSS秒杀。就玩家之间的实战而言，它的实力也不可小视，在内战中可能由于技能的关系对上古炎兽没有太大的胜算，但是对外，魔焰猩猩的实用价值堪称出类拔萃。

# 赫尔托克

**精灵序号:** 527
**精灵属性:** 火系
**进化阶段:** 高级
**精灵性别:** 雄性
**类　　型:** 收费精灵
**属性相克:** 机械、冰、草
**被　　克:** 地、圣灵、水

**9.7分**

## 推荐性格: 固执、开朗

**36级**

## 获得方法

在2010年11月5日至2010年12月2日之间，只要充值3个月超能NoNo，即可获得赫尔托克的精元。目前已经绝版。

序号: 527
名字: 赫尔托克
等级: 48
升级所需经验值: 628
性格: 天真
获得时间: 2010-11-6

# 王者素质1：总体概况

赫尔托克号称"火魔至尊"，体力、攻击和防御天赋比较高，速度和特防偏低，特攻则基本可以无视了。整体素质很不错，缺点是速度不够快。

技能还算全面，但无先手技能，这在危急关头少了应变的可能，堪称重大缺陷。

不过，赫尔托克还有一个亮点，就是可用于骑乘，虽然移动速度慢了一点，但拥有一只这样的绝版精灵还是蛮拉风的。

| 炎魔 | 9.9分 | 魔焰猩猩 | 9.8分 | 赫尔托克 | 9.7分 |
|------|-------|----------|-------|----------|-------|

# 王者素质2：技能分析

"破甲"使用成功时，100%令对方防御等级-2，用于对付那些防御突出的对手。

"黑炎击"威力90，组队时可以影响4个目标，组队战必备。

"火势蔓延"是属性攻击，技能使用成功时，100%令对方速度等级-1，命中等级-1，很要命的牵制技能，无论是内战还是外战都很有价值。

"厚重身躯"的效果是在技能使用成功时，100%令自身特防、防御等级+1，是对战时耗招的最佳选择。

"天火"为属性攻击，技能使用成功时，100%令自身攻击等级+2，防御等级+2。同时强化自身的攻击和防御的招数，在面对有弱化技能的对手时非常有用。

"寂灭的咆哮"威力20，1回合做7~10次攻击，杀伤力强劲，但有一定的随机性。

"爆炎之力"为属性攻击，下两回合必定打出致命一击。

"冥火炎爆"是火系物攻，威力150，连续使用每次威力增加10，最高威力增加40。这是赫尔托克的杀手锏，效果值得信赖。

| 炎魔 | 9.8分 | 魔焰猩猩 | 9.5分 | 赫尔托克 | 9.4分 |
|------|-------|----------|-------|----------|-------|

# 技能表

| 技能名 | 攻击类型 | 技能属性 | 威力 | 次数 | 等级 | 使用效果 |
|---|---|---|---|---|---|---|
| 猛 击 | 物理攻击 | 普通 | 60 | 30 | 1 | – |
| 破 甲 | 属性攻击 | 普通 | – | 20 | 5 | 100%降低对方防御2级 |
| 喷 火 | 特殊攻击 | 火 | 45 | 40 | 10 | – |
| 黑 炎 击 | 特殊攻击 | 火 | 90 | 15 | 15 | 组队可以影响4个目标 |
| 火 势 蔓 延 | 属性攻击 | 普通 | 0 | 20 | 20 | 100%降低对方速度、命中1级 |
| 双 管 火 焰 | 特殊攻击 | 火 | 75 | 20 | 25 | – |
| 厚 重 身 躯 | 属性攻击 | 普通 | – | 20 | 30 | 100%提升自身特防、防御1级 |
| 火神的宽恕 | 物理攻击 | 火 | 115 | 10 | 35 | 当次攻击击败对方出战精灵时恢复自身最大体力的1/6 |
| 苍 火 坠 | 特殊攻击 | 火 | 105 | 10 | 40 | – |
| 天 火 | 属性攻击 | 普通 | – | 10 | 45 | 100%提升自身攻击、防御2级 |
| 寂灭的咆哮 | 物理攻击 | 普通 | 20 | 5 | 50 | 1回合做7~10次攻击 |
| 烈 焰 焚 烧 | 特殊攻击 | 火 | 150 | 5 | 55 | 10%降低对方命中1级 |
| 爆 炎 之 力 | 属性攻击 | 普通 | – | 10 | 60 | 下两回合攻击必定致命一击 |
| 冥 火 炎 爆 | 物理攻击 | 火 | 150 | 5 | 65 | 连续使用每次威力增加10,最高威力40 |

# 常用配招

| 内战建议配招 | 【冥火炎爆】+【寂灭的咆哮】 +【天火】+【火势蔓延】 |

| 外战建议配招 | 【冥火炎爆】+【寂灭的咆哮】 +【天火】+【火势蔓延】 |

# 学习力培养建议

**建议1：刷满攻击和速度**

对应性格：固执、天真、开朗

**建议2：刷满攻击和体力**

对应性格：固执、孤独、调皮

# 王者素质3：内战分析

从内战的角度来看，赫尔托克绝对是霸者一般的存在，强化一次后加刻印的"寂灭的咆哮"打出最高威力基本可以秒杀所有精灵。

炎魔的诞生

由于火系对战中威力是减半的，所以碰到速度比赫尔托克慢的精灵，基本上就是先强化再加"寂灭的咆哮"秒杀之，而它最大的敌人是火系的其他二王——上古炎兽和魔焰猩猩。

对付上古炎兽，可用"天火"+"寂灭的咆哮"，在对抗上古炎兽的"热血"+"天罚"的情况下，其胜率还是相当高的。怕的是上古炎兽使用"热血"+"惊吓"+"热血"+"天罚"，由于"惊吓"的效果是"命中后100%令对方害怕"，在赫尔托克无法攻击的状态下，上古炎兽趁机再次强化，接着就可以痛下杀手。不过，如果"惊吓"未能命中的话，那么胜利就基本属于赫尔托克了。

因为魔焰猩猩有先手，而"觉醒"又是强化双攻，所以强化后的特攻型魔焰猩猩是赫尔托克的克星，其"不灭之火"配合先手攻击，令赫尔托克难以招架。对付物攻型的魔焰猩猩，赫尔托克可以靠"天火"+"寂灭的咆哮"，尚有一定的胜算。

| 炎魔 | 9.5分 |
| --- | --- |
| 魔焰猩猩 | 9.5分 |
| 赫尔托克 | 9.5分 |

# 王者素质4：外战分析

　　面对速度比赫尔托克快，同时又是属性克制的精灵，如其具备高特攻的特点，又有先手技能的话，赫尔托克很难取胜。

　　团队战中如果被对方精灵轮流用先手，那也会陷入尴尬的境地。如果想灭团，遇到谱尼、盖亚、鱼龙王作为首发的对手，那就基本无望了，这一点请切记。

　　赫尔托克的外战，运气占了比较大的比重——运气好的话，碰到物攻精灵，"天火"加"寂灭的咆哮"是一般精灵所承受不了的。即使是像鲁斯王这样的克制属性的精灵，在速度比赫尔托克还慢的情况下，"天火"+"寂灭的咆哮"也可实现秒杀。

| 炎魔 | 9.5分 | 魔焰猩猩 | 9.8分 | 赫尔托克 | 9.3分 |

## 王者点评

　　实战中，赫尔托克的胜率还是不错的，一般"天火"+"寂灭的咆哮"都能解决对手，遇到被克系和减半系的精灵时，也一样可以用"强化"+"寂灭的咆哮"碰碰运气。

　　赫尔托克的"破甲"、"天火"堪称亮点，"寂灭的咆哮"加刻印以后，原本强大的招数更加强大了，威力最低160之多。"火神的宽恕"更是可以力挽狂澜，大招"冥火炎爆"势不可挡，弱化招虽少但却实用，不仅拥有卡鲁克斯的招牌弱化招数——"破甲"，还拥有可以降低速度和命中的耗招"火势蔓延"，内战中少有对手。

# 始祖灵兽

精灵序号：811

精灵属性：草系

进化阶段：高级

精灵性别：雄性

类　　型：收费精灵

属性相克：光、水、地

被　　克：圣灵、火、冰、飞
　　　　　行、免疫光属性

**9.7分**

## 推荐性格：保守

 20级 →  40级 →

## 获得方法

　　方案1：以35米币购买灵驹，15米币购买"禁地圣泉结晶"。在实验室进化舱，使用"禁地圣泉结晶"，就可以将灵光兽进化为始祖灵兽。这个方案总共要花50米币！

　　方案2：以48米币购买始祖灵兽套件，套件包括了灵驹和"禁地圣泉结晶"，使用方法与方案1相同。

　　目前已经绝版。

# 王者素质1：总体概况

始祖灵兽的天赋虽然算不上惊艳，但也算相对优秀。特攻、特防和体力突出，攻击和速度则不尽人意。作为草系精灵，物防尤其不敢恭维。但是始祖灵兽的技能还是颇具亮点的——"万物之力"强化后命中增加，"异界魔草"的麻痹效果会成为很多对手的噩梦。控场的话几乎可以和普尼媲美，但是属性技能方面有所欠缺，所以这点令其整体实用性有所下降。

| 始祖灵兽 9.6分 | 丽莎布布 9.9分 | 辛奇帕克 9.5分 |
| --- | --- | --- |

# 王者素质2：技能分析

"虚弱光线"可以100%令对方攻击、特攻等级-1，是降低对手杀伤力的重要手段。由于同时针对特攻和物攻，所以实用价值较高。

"金色灵光"威力70，先手技能，在关键时刻抢攻所必须的招数。

"异界魔草"100%令对方麻痹，配合"万物之力"使用命中奇高，堪称控场之神技。

"闪灵击"是草系特攻，威力110，令对方所有能力增强效果消失。攻守兼备，类似于丽莎布布的"叶绿光束"。

"大自然洗礼"使自身在接下来的2回合中，每次直接攻击必定致命一击。BOSS战中很有价值的技巧，确保必杀招数的杀伤力。

"复苏之光"是3回合内，每回合恢复40点固定体力值，堪称持久战中必备的招数。

"极限吸取"作为草系特攻，不仅具有高达130的威力，还可将给予对象损失的1/4回复自己的HP，相当具有威慑力啊。

"万物之力"100%令自身特攻、速度、命中等级+1，旨在提升自身最重要的三项能力。

"灵光回旋击"是草系特攻，威力高达150，3回合内每回合都能附加50点固定伤害，值得信赖。

| 始祖灵兽 9.9分 | 丽莎布布 9.8分 | 辛奇帕克 9.5分 |
| --- | --- | --- |

# 技 能 表

| 技能名 | 攻击类型 | 技能属性 | 威力 | 次数 | 等级 | 使用效果 |
|---|---|---|---|---|---|---|
| 疾 风 刃 | 物理攻击 | 草 | 55 | 25 | 1 | – |
| 虚弱光线 | 属性攻击 | 普通 | – | 35 | 5 | 100%降低对方攻击、特攻1级 |
| 叶 片 | 特殊攻击 | 草 | 60 | 35 | 9 | – |
| 扎 根 | 属性攻击 | 普通 | – | 15 | 13 | 5回合内每回合恢复自身体力1/6 |
| 闪光一击 | 物理攻击 | 普通 | 70 | 30 | 17 | |
| 金色灵光 | 特殊攻击 | 草 | 70 | 20 | 21 | 先手技能 |
| 神清气爽 | 属性攻击 | 普通 | – | 15 | 25 | 5回合内不会出现异常状态 |
| 生命枯萎 | 特殊攻击 | 草 | 100 | 15 | 29 | 25%令对方麻痹 |
| 异界魔草 | 属性攻击 | 普通 | – | 15 | 33 | 100%令对方麻痹 |
| 闪 灵 击 | 特殊攻击 | 草 | 110 | 15 | 37 | 令对方所有能力增强效果消失 |
| 大自然洗礼 | 属性攻击 | 普通 | – | 5 | 41 | 使自身在接下来的2回合中，每次直接攻击必定致命一击 |
| 复苏之光 | 物理攻击 | 草 | 120 | 10 | 45 | 3回合内，每回合恢复40点固定体力值 |
| 极限吸取 | 特殊攻击 | 草 | 130 | 5 | 49 | 给予对象损失的1/4，会回复自己的HP |
| 万物之力 | 属性攻击 | 普通 | – | 5 | 53 | 100%提升自身特攻、速度、命中1级 |
| 叶舞切割 | 物理攻击 | 草 | 140 | 5 | 57 | 10%令对方麻痹 |
| 灵光回旋击 | 特殊攻击 | 草 | 150 | 5 | 61 | 3回合内，每回合都能附加50点固定伤害 |

# 常用配招

| | |
|---|---|
| **内战建议配招** | 【灵光回旋击】+【万物之力】+【异界魔草】+【金色灵光】 |
| **外战建议配招** | 【灵光回旋击】+【万物之力】+【闪灵击】+【金色灵光】 or【极限吸取】 |

# 学习力培养建议

| | |
|---|---|
| **建议1：刷满特攻255，速度刷100，体力刷1** | |
| 对应性格：保守、胆小 | |
| **建议2：刷满特攻和体力** | |
| 对应性格：保守 | |

# 王者素质3：内战分析

　　内战中的始祖灵兽，一般招数组合分为两种：其一，"万物之力"+"异界魔草"+"万物之力"+"灵光回旋击"+"异界魔草"+"灵光回旋击"；其二，"异界魔草"+"万物之力"+"万物之力"+"异界魔草"+"灵光回旋击"+"灵光回旋击"。

　　之所以如此，是因为始祖灵兽的优势不是自身天赋而是强悍的招数。始祖灵兽最可怕的就是"万物之力"和"异界魔草"的组合，本身就有75%~85%命中概率的"异界魔草"在用过"万物之力"之后基本无敌，被麻痹的对手只有任人宰割。"大自然洗礼"则可以让接下来的2回合内必定致命，这使得始祖灵兽在草系内战单挑中占有极大的优势。

　　如果对手是丽莎布布、辛奇帕克这种防高血多的精灵，始祖灵兽可以多强化几次，当然"异界魔草"也可以多使用几次。

　　始祖灵兽之间的内战就看谁比较快了，先让"异界魔草"命中对方的人就是胜者。

　　总之，始祖灵兽的战术组合虽然简单，但横扫草系精灵确实没什么问题。

始祖灵兽 **9.6分**

丽莎布布 **9.9分**

辛奇帕克 **9.5分**

# 王者素质4：外战分析

始祖灵兽面对水系、地面系和光系等克制系的精灵时，打赢丝毫不成问题，但是遇到火系和圣灵系就基本会输。而面对互不相克的精灵时，成败关键在于第一回合是否能够坚持承受住对手的攻击不被秒杀。

始祖灵兽的吸血技能"极限吸取"非常强大，对付特攻型BOSS，始祖灵兽依靠特防较高的优点，利用"万物之力"+"极限吸取"可以轻松打赢BOSS战。

参加团战的始祖灵兽主要采用"异界魔草"+"万物之力"的战术，一直循环，然后"异界魔草"+"灵光回旋"击秒杀对手。

外战中，始祖灵兽遇到速度比自己快又高物攻的精灵就会相对被动。如果对方是特攻型精灵的话，那么始祖灵兽的高特防特性就起到了救命的作用（前提是对方没先手），承受对方的攻击后，祈祷自己的"异界魔花"可以命中，然后即可进入令对手窒息的麻痹循环。

**始祖灵兽 9.6分**　　**丽莎布布 9.8分**　　**辛奇帕克 9.7分**

# 王者点评

推荐给始祖灵兽加个大型或巨型体力刻印，毕竟在体力允许的情况下，它才能发动"万物之力"+"异界魔草"的"恐怖"组合。

始祖灵兽的打法比较死板，可是效果特别好。在内战中其优势明显，外战中如果采用传承战法也有其一席之地。当然，其缺点也比较明显，即防御型技能不足，在打BOSS战时实用性不高。

不论怎样，始祖灵兽都是草系中胜率最高的单挑精灵，其华丽帅气的外形也得到了很多小赛尔的由衷喜爱。

# 丽莎布布

| | |
|---|---|
| 精灵序号 | 303 |
| 精灵属性 | 草系 |
| 进化阶段 | 高级 |
| 精灵性别 | 雌性 |
| 类　　型 | 融合精灵 |
| 属性相克 | 光、水、地 |
| 被　　克 | 圣灵、火、冰、飞行、免疫光属性 |

**9.6分**

## 推荐性格: 保守、胆小

 22级  42级

## 获得方法

　　丽莎布布是由布布花和小豆芽融合而成。布布花是布布种子的高级进化形态。小豆芽属于稀有精灵,它的出现位置是在克洛斯星沼泽里。一般出现在上面那个泥潭中央或下面那个泥潭左边靠下一点的地方,大约10~30分钟出现一次。注意,小豆芽的三段进化形态都可以参与融合,结果不变。

　　融合获得绿色元神珠,在克洛斯星吸收能量后进行孵化。

# 王者素质1：总体概况

目前丽莎布布有两种——血攻流和速攻流。

血攻流的好处是血量充足，配上高双防，有时魔焰猩猩都秒杀不了丽莎布布，但速度的劣势使得丽莎布布在内战中比较吃亏，同时外战中对付鱼龙王很费劲。

速攻流的好处是血量也在400以上，而速度的提升决定其在大师杯中占尽优势。即使是外战对付鱼龙王这样的对手，胜算也比较大。缺点是可能防不住火系精灵的攻击。

**始祖灵兽 9.6分　丽莎布布 9.9分　辛奇帕克 9.5分**

# 王者素质2：技能分析

"花粉"的效果是100%令对方命中等级-1，这个招数广泛应用于各类PK战，时常令对手难以忍受。

"花草护体"是属性攻击，100%令自身防御、特防等级+1，强化自身所必备。

"叶绿光束"威力100，同时可以令对方所有能量增强效果消失，令对手无法实现强化的目的。

"寄生种子"可在5回合吸取对方最大体力的1/8补充到自己身上（对草系无效），这一招在对BOSS战中占有不可动摇的重要位置。

"光合作用"可以恢复自身最大体力的1/2，持久战的利器，令对手的努力付之东流。

"究极吸取"威力80，将给予对方损伤的一半恢复自己的体力，攻防一体的招数。强化3次后，使用此招基本可以加满血。

"花草"能量可以100%令自身特攻等级+2，强化特攻，确保攻击系招数可以发挥出最大效果。

"金光绿叶"为特殊攻击，威力150，不仅杀伤力强，而且3回合内每回合都会恢复自身体力的1/10。

**始祖灵兽 9.9分　丽莎布布 9.8分　辛奇帕克 9.5分**

# 技能表

| 技能名 | 攻击类型 | 技能属性 | 威力 | 次数 | 等级 | 使用效果 |
|---|---|---|---|---|---|---|
| 疾风刃 | 物理攻击 | 草 | 55 | 25 | 1 | 容易打出致命一击 |
| 缩头 | 属性攻击 | 普通 | – | 40 | 6 | 100%提升自身防御1级，组队时可以向己方任意目标使用 |
| 强力吸取 | 特殊攻击 | 草 | 40 | 15 | 12 | 给予对方损伤的一半会回复自己的体力 |
| 吸收 | 属性攻击 | 普通 | – | 20 | 17 | 可以抵挡70点伤害 |
| 叶片 | 特殊攻击 | 草 | 60 | 35 | 21 | – |
| 藤鞭 | 物理攻击 | 草 | 70 | 35 | 26 | |
| 花瓣飞刀 | 特殊攻击 | 草 | 75 | 30 | 31 | 容易打出致命一击 |
| 花粉 | 属性攻击 | 普通 | – | 20 | 36 | 100%降低对方命中1级 |
| 超级吸取 | 特殊攻击 | 草 | 60 | 10 | 41 | 给予对方损伤的一半会回复自己的体力 |
| 花草护体 | 属性攻击 | 普通 | – | 30 | 45 | 100%提升自身防御、特防1级 |
| 猛攻 | 物理攻击 | 普通 | 80 | 20 | 49 | – |
| 叶绿光束 | 特殊攻击 | 草 | 100 | 15 | 53 | 令对方所有能量增强效果消失 |
| 寄生种子 | 属性攻击 | 普通 | – | 10 | 57 | 5回合吸取对方最大体力的1/8补充到自身上（对草系无效） |
| 攻破 | 物理攻击 | 普通 | 90 | 20 | 60 | 15%降低对方防御级 |
| 光合作用 | 属性攻击 | 普通 | – | 5 | 63 | 恢复自身最大体力的1/2 |
| 究极吸取 | 特殊攻击 | 草 | 80 | 10 | 66 | 给予对方损伤的一半会恢复自己的体力 |
| 粉末击打 | 物理攻击 | 草 | 120 | 10 | 70 | 命中后10%令对方中毒 |
| 花草能量 | 属性攻击 | 普通 | – | 20 | 73 | 100%提升自身特攻2级 |
| 金光绿叶 | 特殊攻击 | 草 | 150 | 5 | 78 | 3回合内每回合恢复自身体力1/10 |

# 常用配招

| 内战建议配招 | 【金光绿叶】+【花草能量】+【叶绿光束】+【究极吸取】or【花粉】 |
|---|---|
| 外战建议配招 | 【金光绿叶】+【花草能量】+【叶绿光束】+【究极吸取】or【花粉】or【寄生种子】 |

# 学习力培养建议

**建议1：刷满特攻和体力**

对应性格：保守、冷静

**建议2：刷满特攻和速度**

对应性格：保守

# 王者素质3：内战分析

依靠超高的血量和"光合作用"回血技能，配合过百的双防资质值，丽莎布布在草系内战当中绝对是一个非常难缠的对手。

丽莎布布和丽莎布布的对战经常会陷入僵局，一般战场上会出现两种局面——

一种是相互使用"花粉"，比谁的耐心强，直到一方不耐烦后直接退出。

另一种就是各自使用"花草能量"强化自身，接着"叶绿光束"消对手强化，以"金光绿叶"攻击，体力少了再用"光合作用"补体力。你来我往，此消彼长，拉锯战了无尽头！

丽莎布布最大的敌人是始祖灵兽、辛奇帕克和古拉草。

始祖灵兽对丽莎布布会用"万物之力"＋"异界魔草"，丽莎布布被麻痹后，基本就会陷入始祖灵兽无限的"魔草"噩梦之中，获胜几率非常渺茫。

丽莎布布遇到辛奇帕克，最好的办法是"花粉"战术，令对手命中低到一定程度后，才可组织进攻。

遇到古拉草，丽莎布布可以先"花草能量"强化，然后"金光绿叶"灭之。

| | |
|---|---|
| 始祖灵兽 | 9.8分 |
| 丽莎布布 | 9.5分 |
| 辛奇帕克 | 8.5分 |

# 王者素质4：外战分析

　　对战水系鱼龙王时，丽莎布布能否获胜需要一点运气。因为鱼龙王一般都爱使用"强化"+"深海寒流"或"远古审判"。如果运气好的话，丽莎布布先清除强化，然后"金光绿叶"进行攻击，有一定几率取胜；运气差的话就是在"金光绿叶"后，被鱼龙王大招秒杀。遇到鲁斯王，可以先强化后大招，取胜并不困难。

　　遇到以火系、飞行系、冰系和圣灵系，丽莎布布赢的几率很小。

　　丽莎布布在打BOSS方面可谓得心应手，甚至可以单挑大部分SPT BOSS。简单举几个例子：

　　丽莎布布打尤纳斯只要先用"寄生种子"消耗对手体力，"花草护体"防护自身，尤纳斯一强化就用"叶绿光束"，"寄生种子"效果消失后再补上，一般15~20分钟即可将其耗死。

　　对战奈尼芬多时，先用"花草护体"再用"花草能量"，接着就可用"究极吸取"。一般5至8次"花草能量"后，一个究极吸取能给对方造成800以上的伤害！

　　对战魔狮迪露，开始时连续用"花草能量"，同时注意补血，然后使用"寄生种子"，在吸血吸到第4回合后，以"金光绿叶"发动总攻。

　　单挑塔克林和塔西亚时，在"花草护体"和"花草能量"强化后，使用"究极吸取"来补血，最后大招"金光绿叶"稳操胜券。

**始祖灵兽 9.6分　　丽莎布布 9.8分　　辛奇帕克 8.7分**

## 王者点评

　　丽莎布布被称为最好用的草系精灵，更是BOSS战不可缺少的一员。既可以打耗招战，又可以用"寄生种子"和"花草护体"来对抗高攻精灵，是万能型精灵的代表。作为完全免费的精灵，丽莎布布的融合成功率比较高。

# 辛奇帕克

| | |
|---|---|
| 精灵序号: | 389 |
| 精灵属性: | 草系 |
| 进化阶段: | 高级 |
| 精灵性别: | 雌性 |
| 类　　型: | 活动精灵 |
| 属性相克: | 光、水、地 |
| 被　　克: | 圣灵、火、冰、飞 |
| | 行、免疫光属性 |

**9.3分**

## 推荐性格: 保守、大胆、沉着、冷静、悠闲、狂妄

 16级  36级

## 获得方法

　　辛奇帕克是通过草系大师杯获得的。需要100个草系徽章,20个水系徽章,20个火系徽章,20个战斗系徽章和20个电系徽章,然后就可以换取该精灵。

# 王者素质1：总体概况

辛奇帕克是大师杯兑换的亮点精灵。出色的双防足以弥补它特攻不足的弱点，虽然防御比不上查尔顿，特防比不上伊娅丝，双防也比不上玄武，但是技能方面消强化技能、弱化技能、回血技能应有尽有，还是很有价值的。

辛奇帕克在单挑方面确实比较弱，不过拿来打BOSS展开消耗战还是颇为有效的，而另一个不错的用途，就是用来打塔了。

**始祖灵兽 9.6分**　　**丽莎布布 9.9分**　　**辛奇帕克 9.5分**

# 王者素质2：技能分析

"鸣叫"可以100%令对方攻击等级-1，增添了防御优势。

"生长"是100%令自身特攻等级+1，组队可向任何己方使用。

"仙尘波"为草系物攻，威力60，效果是令对方所有增强能力消失。消强化的招数，巩固自身的防御效果不被对手的强化所抵消。

"意念集中"100%令自身特攻、命中等级+1，实用性一般。

"迟钝"可以100%令自身防御、特防等级+2，速度等级-1，强化双防会使刷了双防后的辛奇帕克坚不可摧。

"意念干扰"是超能系特攻，威力75，20%几率降低对方所有技能1点PP值，对于干扰对手很有意义。

"细胞针"可100%令对方防御、特防、速度等级-1，因为辛奇帕克的速度实在太慢，所以以减掉对手速度后的效果也不明显。

"活化根须"是草系物攻，威力120，这招的特性就是把对方的攻击效果减半，那些固定攻击伤害也会被减半。

"惊藤傀儡线"是草系特攻，威力150，有必中的特性，对手闪躲的招数不起作用。

**始祖灵兽 9.9分**　　**丽莎布布 9.8分**　　**辛奇帕克 9.5分**

# 技能表

| 技能名 | 攻击类型 | 技能属性 | 威力 | 次数 | 等级 | 使用效果 |
|---|---|---|---|---|---|---|
| 抽 打 | 物理攻击 | 普通 | 40 | 40 | 1 | – |
| 鸣 叫 | 属性攻击 | 普通 | – | 40 | 4 | 100%降低对方攻击1级 |
| 针 刺 | 特殊攻击 | 草 | 35 | 10 | 9 | – |
| 生 长 | 属性攻击 | 普通 | – | 40 | 13 | 100%提升自身特攻1级（组队可向任何己方使用） |
| 仙 尘 波 | 物理攻击 | 草 | 60 | 25 | 17 | 令对方所有增强能力消失 |
| 飞 叶 连 射 | 特殊攻击 | 草 | 40 | 15 | 21 | 1回合做2～5次攻击 |
| 意 念 集 中 | 属性攻击 | 普通 | | 30 | 25 | 100%提升自身特攻、命中1级 |
| 毒 刺 | 特殊攻击 | 草 | 60 | 30 | 29 | 命中后50%令对方中毒 |
| 迟 钝 | 属性攻击 | 普通 | – | 15 | 33 | 100%提升自身防御、特防2级，降低速度1级 |
| 意 念 干 扰 | 特殊攻击 | 超能 | 75 | 10 | 37 | 20%几率降低PP值 |
| 扎 根 | 属性攻击 | 普通 | | 15 | 41 | 5回合内恢复自身体力1/6 |
| 藤 蔓 穿 刺 | 物理攻击 | 草 | 75 | 20 | 45 | 对方体力小于1/2时威力加倍（组队时可影响2个目标） |
| 神 经 破 坏 | 特殊攻击 | 草 | 110 | 10 | 49 | 10%降低对方特防2级 |
| 细 胞 针 | 属性攻击 | 普通 | – | 15 | 53 | 100%降低对方防御、特防、速度1级 |
| 活 化 根 须 | 物理攻击 | 草 | 120 | 10 | 57 | 1回合使对方攻击伤害为正常1/2 |
| 惊 藤 傀 儡 线 | 特殊攻击 | 草 | 150 | 5 | 61 | 必然命中 |

# 常用配招

| 内战建议配招 | 【惊藤傀儡线】or【飞叶连射】<br>+【意念集中】+【仙尘波】<br>+【迟钝】or【细胞针】 |
|---|---|
| 外战建议配招 | 【惊藤傀儡线】or【活化根须】<br>+【意念集中】+【仙尘波】<br>+【细胞针】 |

# 学习力培养建议

**建议1：刷满特攻和体力**

对应性格：保守、冷静

**建议2：刷满特防和防御**

对应性格：大胆、沉着、悠闲、狂妄

**建议3：刷满特防和体力**

对应性格：温顺、沉着

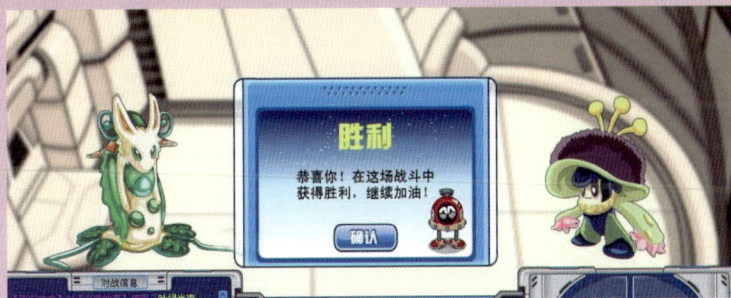

胜利

恭喜你！在这场战斗中
获得胜利，继续加油！

确认

# 王者素质3：内战分析

辛奇帕克双防比丽莎布布高，刷特防体力的辛奇帕克配合"活化根须"和标志性技能"细胞针"，在草系内战中几乎是很难被打败的。辛奇帕克面对绝大多数不刷满速度的丽莎布布时（对于刷满速度的丽莎，基本上在"细胞针"的影响下速度也比辛奇帕克慢了），起手"细胞针"，对方一般是强化，第二回合你绝对比它快，用"仙尘波"消强化（对方不强化就继续"细胞针"），"细胞针"3~4回合以后，"惊藤傀儡线"2回合击败丽莎布布。这种打法的优势有两点：第一，"惊藤傀儡线"是必中技能，不怕减命中；第二"细胞针"有弱化对手的效果，丽莎布布即使配备"叶绿光束"这一消强化技能也没有作用。

不过，丽莎布布的优势在于可以利用"金光绿叶"攻击并同时回血，而且还有讨厌的"花粉"技能。如果开局时辛奇帕克被减命中，"细胞针"没起作用，那么情况就比较危险。

对于有消强化技能的草系精灵，上手"细胞针"2~3次；对于没有消强化技能的，上手"细胞针"1~2次，然后再"意念集中"1~2次（看具体情况而定），因为草系速度比较慢，基本上一回合"细胞针"以后，你速度就比对方快了，同时减掉对方双防，相当于自身强化，对方没有解除自身能力下降的技能，即便是始祖灵兽也可以用"惊藤傀儡线"。

始祖灵兽 **9.7分**

丽莎布布 **9.7分**

辛奇帕克 **9.8分**

# 王者素质4：外战分析

辛奇帕克在外战中，一般会先来一个"活化根须"让对方1个回合攻击力只有一半，第二个回合再用"扎根"回复自身的体力，然后用"活化根须"，如果对方强化就用"仙尘波"消除，没有的话就用"细胞针"，然后再用"惊藤傀儡线"结束战斗。

在面对属性克制自己的精灵时，辛奇帕克的解决方案较少，只能用牵制技能掩护，寻找机会进攻。对水系等属性被自己克制的精灵，辛奇帕克则可以直接采用"神经破坏"+"惊藤傀儡线"对付。

事实上，辛奇帕克在外战方面确实不算出众，其高双防的特点和弱化对手的技能最大的价值是用来配合其他精灵挑战BOSS，但单打独斗往往非其所长。

**始祖灵兽 9.6分**　**丽莎布布 9.8分**　**辛奇帕克 9.7分**

## 王者点评

刷特防体力的辛奇帕克，配合"活化根须"和标志性技能"细胞针"，在草系内战中几乎是很难被打败的。

针对不同的外系精灵，辛奇帕克的有效战术较少，常用的也就只有如连续使用"活化根须"、"细胞针"弱化后接大招等等。很多时候会陷入消耗战，这时耐心和战术就显得尤为重要。

# 雷伊

精灵序号：070

精灵属性：电系

进化阶段：高级

精灵性别：雄性

类　　型：BOSS精灵

属性相克：水、飞行、暗影，
　　　　　对地系无效

被　　克：圣灵、神秘、地

**10分**

推荐性格：固执、开朗

## 获得方法

　　雷伊是出现在赫尔卡星第三层，只要将其打败，就可以获得精元，获胜方法请参考《赛尔号精灵对战必胜指南BOSS必杀篇》。雷伊需要经过特训才可达到极限，特训的地点也是在赫尔卡星。获得雷伊后千万不要忘记特训哦！

# 王者素质1：总体概况

赛尔们喜欢将雷伊称为"电系之王"或"雷神"，由此可见其人气之高。雷伊最开始出现时，资质值并不算高，属于BOSS中较弱的等级，亮点在于其速度和控场技能"雷祭"。出了特训后，形势大大扭转——雷伊独享"每日特训"这个项目，通过训练每天提升体力2点，其他5个属性各1点，最大上限可以提升60点体力、30点防御、20点特防、20点攻击、10点特攻、20点速度，这也是雷伊与众不同的地方。此外，还可习得"雷神觉醒"、"元气电光球"、"电闪光"等强力技能，以及威力绝顶的"雷神天明闪"。

| 雷伊 10分 | 泰瑞 9.7分 | 斯加尔卡 9.5分 |

# 王者素质2：技能分析

物攻招数"闪光击"的威力为60，属于先制技能，PK战必备。

"雷祭"为属性攻击，命中后100%令对方麻痹，这是雷伊最有效的控场招数，加刻印后命中率大大提升，一旦命中则胜券稳操。

"万丈光芒"是特殊攻击，威力75，在攻击的同时还能解除自身能力下降状态，这一点在众多精灵中实在少见。

"瞬雷天闪"是物理攻击，威力150，命中后5%令对方麻痹。作为特训前雷伊的最终必杀技，威力已经相当了得。

"极光刃"是物理攻击，拥有130的威力，同时可以令对方所有能力增强效果消失。消强化的招数，对付BOSS效果显著。

"闪电斗气"可提升自身防御和特防1个等级，对手如没有消强化的招数则可选用此招。

"雷神天明闪"是通过特训后获得的物理攻击，威力160，有10%几率威力4倍，附带必中效果。这是赛尔号中最强的必杀技。

"雷神觉醒"可以提升雷伊的攻击和速度2个等级，使高攻高速的雷伊更加如虎添翼。

| 雷伊 10分 | 泰瑞 9.7分 | 斯加尔卡 9.5分 |

# 技 能 表

| 技能名 | 攻击类型 | 技能属性 | 威力 | 次数 | 等级 | 使用效果 |
|---|---|---|---|---|---|---|
| 抓 | 物理攻击 | 普通 | 40 | 35 | 1 | |
| 充 电 | 属性攻击 | 普通 | – | 20 | 4 | 下回合电系技能威力为2倍 |
| 风驰电掣 | 物理攻击 | 普通 | 50 | 35 | 8 | 更加优先出招 |
| 雷电击 | 特殊攻击 | 电 | 40 | 40 | 12 | |
| 瞪眼 | 属性攻击 | 普通 | – | 30 | 16 | 使目标防御降低1个等级 |
| 闪光击 | 物理攻击 | 电 | 60 | 35 | 20 | 优先出招 |
| 电击光束 | 特殊攻击 | 电 | 60 | 60 | 24 | 5%的几率使目标麻痹 |
| 雷祭 | 属性攻击 | 普通 | – | 30 | 28 | 命中时使目标麻痹 |
| 放电 | 特殊攻击 | 电 | 80 | 15 | 32 | 5%的几率使目标麻痹 |
| 惊雷切 | 物理攻击 | 电 | 55 | 25 | 36 | 自己体力少于一半时威力加倍 |
| 电闪雷鸣 | 特殊攻击 | 电 | 90 | 25 | 40 | 5%的几率使目标麻痹 |
| 雷雨天 | 属性攻击 | 普通 | – | 20 | 43 | 使目标防御和特防降低1个等级 |
| 霹雳斩 | 物理攻击 | 电 | 80 | 25 | 47 | 5%的几率使目标麻痹 |
| 万丈光芒 | 特殊攻击 | 电 | 75 | 15 | 51 | 解除自己所有的能力下降状态 |
| 白光刃 | 物理攻击 | 普通 | 95 | 20 | 55 | 更加容易打出致命一击 |
| 电闪光 | 属性攻击 | 普通 | – | 30 | 60 | 使目标速度和命中降低1个等级 |
| 极电千鸟 | 特殊攻击 | 电 | 120 | 5 | 64 | 5%的几率使目标麻痹 |
| 瞬雷天闪 | 物理攻击 | 电 | 150 | 5 | 70 | 5%的几率使目标麻痹 |
| 极光刃 | 物理攻击 | 电 | 130 | 20 | 100 | 令对方所有能力增强效果消失 |
| 闪电斗气 | 属性攻击 | 普通 | – | 15 | 100 | 使自身防御和特防提升1个等级 |
| 元气电光球 | 特殊攻击 | 电 | 140 | 10 | 100 | 必中技能，5%令对方麻痹 |
| 雷神天明闪 | 物理攻击 | 电 | 160 | 3 | 100 | 10%几率威力4倍，必中 |
| 雷神觉醒 | 属性攻击 | 电 | – | 20 | 100 | 令自己的攻击和速度提升2个等级 |

# 常用配招

| 内战建议配招 | 【雷神天明闪】or【瞬雷天闪】<br>+【雷神觉醒】+【雷祭】<br>+【风驰电掣】or【闪光击】 |
| --- | --- |
| 外战建议配招 | 【雷神天明闪】or【瞬雷天闪】<br>+【雷神觉醒】+【极光刃】<br>+【电闪光】or【雷雨天】 |

# 学习力培养建议

| 建议1：刷满攻击和速度 |
| --- |
| 对应性格：固执、开朗 |
| 建议2：刷攻击252，速度254， 体力4 |
| 对应性格：固执、开朗 |

# 王者素质3：内战分析

　　内战中，如果是雷伊VS雷伊，那么先手很重要——先手一方"雷神天明闪"+"雷神天明闪"+"闪光击"，个体差的雷伊基本就被击毙了。如果被对手的"雷祭"麻痹的话，效果持续1回合还有反击的机会，持续2回合基本就输定了。后手打法是起手"雷祭"，对手被麻痹了以后，我方可以"雷神觉醒"巩固优势，然后"雷神天明闪"速战速决。或者起手"极光刃"，可确保对手不论强化与否都受到打击，然后发动"雷神觉醒"+"雷神天明闪"。

　　如雷伊和泰瑞开战，雷伊必定先出手"雷神觉醒"，然后泰瑞"电能风暴"，雷伊"极光刃"，之后泰瑞"全力一击"。雷伊特训后体力会超320，特防和防御都有所提升，此时不会被泰瑞击杀。接下来，如果还是雷伊先出手的话，那么泰瑞必败。当然，雷伊也可以先"雷神觉醒"然后"极光刃"消强化或者直接"雷神天明闪"，最后以先制招数"闪光击"或"风驰电掣"结束战斗。比较取巧的战法是用"雷祭"，令对手麻痹后再痛下杀手。

　　雷伊VS斯加尔卡要讲究战术，首先使用"雷神觉醒"，然后"雷雨天"、"极光刃"，斯加尔卡弱化就"万丈光芒"，如果斯加尔卡50%攻击MISS，雷伊可获全胜。事实上，获得"雷神觉醒"后的雷伊对战斯加尔卡比以前要轻松许多，毕竟速度和攻击提升2个等级，斯加尔卡使用"阴云密布"则只能降低雷伊攻击和命中1个等级，接下来雷伊凭借速度优势以"极光刃"或"雷神天明闪"进攻命中的话，那么斯加尔卡就基本没有获胜的机会了。雷伊的内战对手还有吉尼亚斯、闪光电击兔等，凭借强化后获得的新招数，打赢后者并不困难。

**雷伊 9.9分**

**泰瑞 9.6分**

**斯加尔卡 9.6分**

# 王者素质4：外战分析

　　外战中，很多小赛尔把魔焰猩猩当作假想敌，不过虽然魔焰猩猩速度极快，刷过速度的雷伊凭借"雷神觉醒"，还是可以获得明显优势，以确保"雷神天明闪"奏效。

　　雷伊在多精灵战中有着举足轻重的位置，传承后"雷祭"命中率达90%以上，一旦敌方被控场，除非对方牺牲2只会高攻击力先手技能的精灵，用先手将低防的雷伊击杀，否则一旦雷伊有机会发动"雷神觉醒"加速度强化，基本就可无敌于天下了。

　　但是，雷伊的防御实在太低了，这个缺陷在面对克制自己的水系精灵时颇为危险，比如鲁斯王一记大招就可秒杀雷伊。所以对战水系精灵时，雷伊不要贸然强化，要注意根据对手的战术调整自己的打法，否则很容易落败。

　　对付其他系的精灵，雷伊凭借"雷神觉醒"×2+"极光刃"/"雷神天明闪"的组合，胜率是相当高的。

**雷伊 9.9分**　　　　**泰瑞 9.5分**　　　　**斯加尔卡 9.7分**

## 王者点评

　　雷伊的特训可以说对于雷伊价值的提升起到了关键作用，通过特训既加属性又加技能，结果则是高速、高攻的雷伊具备了超越以往的实战意义，打BOSS、巅峰、大师杯、勇者之塔、王者之塔、命运之轮都有其用武之地。体力也比过去提升不少，丰富的新增招数带来了更多的战术变化。

　　雷伊是赛尔号中人气最高的精灵，几乎成为了该游戏的代言人，所以建议广大小赛尔一定要培养一只属于自己的雷伊啊。

# 泰瑞

| | |
|---|---|
| 精灵序号: | 403 |
| 精灵属性: | 电系 |
| 进化阶段: | 高级 |
| 精灵性别: | 雄性 |
| 类　　型: | 融合精灵 |
| 属性相克: | 水、飞行、暗影，对地系无效 |
| 被　　克: | 圣灵、神秘、地 |

**9.7分**

## 推荐性格: 固执

18级 → 40级 →

## 获得方法

　　泰瑞是由天雷鼠作为主精灵、鲁克作为副精灵，加随便四个材料融合得到黄色元神珠，在赫尔卡星三层吸能，经过24小时孵化所得。

　　天雷鼠是比比鼠的高级形态，比比鼠可以在赫尔卡星建筑区捕捉。鲁克可以在海盗能源站捕捉，其各个形态都可以参与融合。

# 王者素质1：总体概况

泰瑞的天赋还是不错的，高攻高血，速度相比融合前那两只提升不少。招式方面有普通物攻的先手和电系特攻的先手，这两个先手威力一般。强化招很多很强大，有攻击+2，也有两回合致命，还有威力加倍等等，可以创造可观的伤害。可惜的是没有速度强化，因此在多精灵对抗中，比起带有"极光刃"消强化、"雷神天明闪"、"雷祭"、"雷神觉醒"的高速雷伊要逊色一些。

| 雷伊 10分 | 泰瑞 9.5分 | 斯加尔卡 9.7分 |

# 王者素质2：技能分析

"充电"使用后下回合电系技能威力加倍，增加攻击威慑力。

"闪电冲撞"是物理攻击，威力40，是有必要配备的先手技能。

"电能补充"可以使自己攻击和特攻提升1个等级，强化效果不如"力量之泉"，后期用处不大。

"电光屏障"可以使自己防御和特防提升1个等级，在对BOSS战中有一定价值。

"全力一击"是普通系物理攻击，有120的威力，电系内战中很有价值，同时在对付地面系等克制系的精灵时很有必要。

"光之壁"可抵抗异常状态的能力提升，作用有些模糊，实际效果并不突出。

"电能风暴"使自身在接下来的2回合中每次直接攻击必定致命一击，这是很有价值的招数，不论内战外战都可配备。

"急速电容球"虽然是先手技能，威力可达75，但却是特殊攻击，实在令人遗憾。

"力量之泉"使自己攻击提升2个等级，强化必备。

"雷光爆裂拳"是终极必杀技，电系物理攻击，威力150，附加10%几率令对手麻痹，这是泰瑞最有效的直接攻击手段。

| 雷伊 10分 | 泰瑞 9.7分 | 斯加尔卡 9.5分 |

# 技能表

| 技能名 | 攻击类型 | 技能属性 | 威力 | 次数 | 等级 | 使用效果 |
|---|---|---|---|---|---|---|
| 撞 击 | 物理攻击 | 普通 | 35 | 25 | 1 | – |
| 瞪 眼 | 属性攻击 | 普通 | – | 40 | 5 | 令对手防御降低1个等级 |
| 电 气 震 | 特殊攻击 | 电 | 40 | 30 | 9 | 5%几率令对手麻痹 |
| 充 电 | 属性攻击 | 普通 | – | 20 | 13 | 使用后下回合电系技能威力加倍 |
| 闪电冲撞 | 物理攻击 | 普通 | 40 | 35 | 17 | 先手 |
| 电能补充 | 属性攻击 | 普通 | – | 20 | 21 | 使自己攻击和特攻提升1个等级 |
| 电 火 花 | 特殊攻击 | 电 | 65 | 10 | 25 | 额外增加30点固定伤害 |
| 闪 电 拳 | 物理攻击 | 电 | 75 | 15 | 29 | 5%几率令对手麻痹 |
| 电光屏障 | 属性攻击 | 普通 | – | 20 | 33 | 使自己防御和特防提升1个等级 |
| 感电飞弹 | 特殊攻击 | 电 | 80 | 15 | 37 | – |
| 全力一击 | 物理攻击 | 普通 | 120 | 5 | 41 | – |
| 光 之 壁 | 属性攻击 | 普通 | – | 20 | 45 | 抵抗异常状态的能力提升 |
| 放 电 | 特殊攻击 | 电 | 80 | 15 | 49 | 5%几率令对手麻痹 |
| 雷电之牙 | 物理攻击 | 电 | 100 | 15 | 53 | 10%几率令对手速度降低1个等级 |
| 电能风暴 | 属性攻击 | 普通 | – | 20 | 57 | 使自身在接下来的 2回合中每次直接攻击必定致命一击 |
| 急速电容球 | 特殊攻击 | 电 | 75 | 15 | 61 | 10%几率令对手麻痹, 先手攻击 |
| 力量之泉 | 属性攻击 | 普通 | – | 20 | 65 | 使自己攻击提升2个等级 |
| 轰 天 雷 | 特殊攻击 | 电 | 120 | 10 | 69 | 5%几率令对手麻痹 |
| 雷光爆裂拳 | 物理攻击 | 电 | 150 | 5 | 73 | 10%几率令对手麻痹 |

# 常用配招

| | |
|---|---|
| **内战建议配招** | 【雷光爆裂拳】+【闪电冲撞】<br>+【力量之泉】+【电能风暴】 |
| **外战建议配招** | 【雷光爆裂拳】+【力量之泉】<br>+【急速电容球】+【电能风暴】 |

# 学习力培养建议

| 建议1：刷满攻击和速度 |
|---|
| 对应性格：固执、开朗 |

| 建议2：刷满攻击和体力 |
|---|
| 对应性格：固执、开朗 |

| 建议3：刷满攻击，体力130和防御125 |
|---|
| 对应性格：固执、开朗 |

# 王者素质3：内战分析

内战方面，泰瑞最大的对手是雷伊，也因此常常被小赛尔拿来比较。如果你的泰瑞是刷全攻加半血半防的话，那么遇到雷伊还是很有胜算的。雷伊必定先出手"雷神觉醒"，然后泰瑞"电能风暴"，此招的效果是2回合致命一击，"极光刃"无法将其清除。泰瑞接下来连续"全力一击"、"雷光爆裂拳"强攻，打出致命一击的情况下，雷伊则会败北。对付雷伊，还要特别小心"雷祭"，被命中的话很可能会输掉。

对付斯加尔卡、闪光电击兔等，泰瑞的战法就比较直接，先上"力量之泉"或"电能风暴"，接着"全力一击"，基本可以搞定对手。而作为先手的"闪电冲撞"则可在必要的时候，消减对手残存的HP。

综合而言，泰瑞在内战方面的优势是比较明显的。

雷伊 **9.7分**

泰瑞 **9.8分**

斯加尔卡 **9.6分**

# 王者素质4：外战分析

外战中，泰瑞碰到草系、神秘系和地面系的代表精灵，由于属性克制的关系，再加上特防低、速度一般的缺陷，强化后的"全力一击"是关键所在，但取胜的希望渺茫。

对战克制系或无相克关系的系时，泰瑞依旧可以采用先"力量之泉"或"电能风暴"，接着"雷光爆裂拳"的战术，要注意对手是否是特攻型，以便配置"电光屏障"以弥补自身的缺陷。

战术配置的单一，决定了泰瑞在与其他系精灵PK的过程中，缺乏灵光一闪的机动打法，套路容易被对手看破并利用，这也是在外战中少有泰瑞身影的原因。

在巅峰之战或打塔的实战中，泰瑞也明显不如雷伊实用，这一点是无法通过战术来勉强改变的。

| 雷伊 9.6分 | 泰瑞 9.8分 | 斯加尔卡 9.3分 |

## 王者点评

泰瑞的生命力强劲，物理攻击力优秀，数值接近赛尔号的最强纪录。此外，其大招不易MISS，两回合出现致命一击的"电能风暴"使得不少精灵吃了苦头，即便是雷伊，不善战术的话也根本没有取胜之机。

当然，泰瑞的缺点和优点一样明显，那就是特防差，先手弱，外战中难以发挥威力。

其实，两个最为普通的精灵融合出来的泰瑞，竟然能打破雷伊电系之王的神话，相信会让很多玩家大跌眼镜，但这就是事实。这种变化本身就足以让人喜欢上这只胖嘟嘟的精灵。

鉴于获取难度很低，建议大家人手一只哦！

# 斯加尔卡

| | |
|---|---|
| **精灵序号**: | 356 |
| **精灵属性**: | 电系 |
| **进化阶段**: | 高级 |
| **精灵性别**: | 雄性 |
| **类　　型**: | 暗黑精灵 |
| **属性相克**: | 水、飞行、暗影, |
| | 对地系无效 |
| **被　　克**: | 圣灵、神秘、地 |

**9.4分**

**推荐性格: 保守、大胆、沉着、冷静、悠闲、狂妄**

20级 ➔ 40级 ➔

## 获得方法

　　暗黑武斗场的入口就在精灵太空站的右侧。只要小赛尔的超能NoNo等级达到6级，就可以点击暗黑武斗场的第六门，确认进入暗黑第六门的I号门。只要战胜守护者斯加尔卡，就可以获得其精元。

# 王者素质1：总体概况

斯加尔卡有三高——物攻高、物防高、体力高。

刷物攻体力的斯加尔卡最常见，这种方法通过高体力使对方无法一招秒杀，再用"蓄能炸弹"配合"迅雷击"打倒对方，还弥补了"蓄能炸弹"对自身不利的反弹效果，一举两得。

其次是刷物攻和防御的斯加尔卡，这种方法利用了斯加尔卡的高防御资质，对付物攻型精灵十分有效。

比较少见的是体力双防型和特攻防御型斯加尔卡，这种方法缺少技术含量，因为这样无法发挥"迅雷击"这个绝对先手的优势，不过是纯粹照顾"电闪光华阵"的肉弹目的而已。

| 雷伊 10分 | 泰瑞 9.5分 | 斯加尔卡 9.7分 |

# 王者素质2：技能分析

"电网"100%提升自身特防2个等级，斯加尔卡的特防资质值较低，电网则恰好可以弥补这一点。

"雷暴"100%提升自身攻击和特攻1个等级，是作为物攻型的斯加尔卡唯一可以强化物攻的招数。

"阴云密布"100%降低对方攻击和命中1个等级，碰到物攻型精灵可以使用。

"充电"是1回合使自己电系招式伤害为2倍，电系精灵常有的招数，效果也很一般。

"电闪光华阵"大名鼎鼎，是斯加尔卡的成名绝技，作用是自己牺牲，使下一只出战精灵在前2回合内必定打出致命一击。由于速度慢，斯加尔卡一般要受过一招后才能自杀。

"迅雷击"是电系物攻，威力65，先制攻击。在单精灵对战中，"蓄能炸弹"配合"迅雷击"效果绝佳。

"虚体闪电"是超能系物攻，威力120。因为是超能系的物攻招，在对付战斗系的时候，这一招比"蓄能炸弹"更划算。

"超自然闪电"是电系特攻，威力130，10%几率降低对方技能3点PP值。威力较好，效果也不错。

| 雷伊 10分 | 泰瑞 9.7分 | 斯加尔卡 9.5分 |

# 技能表

| 技能名 | 攻击类型 | 技能属性 | 威力 | 次数 | 等级 | 使用效果 |
|---|---|---|---|---|---|---|
| 撞　　击 | 物理攻击 | 普通 | 35 | 35 | 1 | |
| 充　　电 | 属性攻击 | 普通 | – | 20 | 6 | 电系威力提升至2倍, 持续1回合 |
| 暗 之 雷 | 物理攻击 | 暗影 | 60 | 25 | 11 | – |
| 雷 电 击 | 特殊攻击 | 电 | 40 | 40 | 16 | – |
| 电 磁 波 | 属性攻击 | 普通 | – | 20 | 20 | 一定几率使目标麻痹 |
| 迅 雷 击 | 物理攻击 | 电 | 65 | 35 | 25 | 先制攻击 |
| 黑 色 闪 电 | 特殊攻击 | 暗影 | 60 | 35 | 30 | 5%的几率使目标麻痹 |
| 电　　网 | 属性攻击 | 普通 | – | 30 | 35 | 使自己的特防提升2个等级 |
| 虚 体 闪 电 | 物理攻击 | 超能 | 120 | 10 | 38 | – |
| 玄 雷 阵 | 特殊攻击 | 电 | 75 | 25 | 41 | 5%的几率使目标麻痹 |
| 惊　　雷 | 属性攻击 | 普通 | – | 20 | 44 | 使目标的防御降低2个等级 |
| 雷 鸣 闪 | 物理攻击 | 电 | 100 | 10 | 47 | 5%的几率使目标麻痹 |
| 阴 云 密 布 | 属性攻击 | 普通 | – | 10 | 50 | 使目标的攻击与命中降低1个等级 |
| 闪 光 雷 电 | 特殊攻击 | 电 | 115 | 10 | 54 | 5%的几率使目标麻痹 |
| 雷　　暴 | 属性攻击 | 普通 | – | 20 | 58 | 使自己的攻击与特攻提升1个等级 |
| 致 命 电 场 | 物理攻击 | 普通 | 75 | 20 | 62 | 附加50点固定伤害 |
| 超自然闪电 | 特殊攻击 | 电 | 130 | 5 | 66 | 10%的几率使目标的技能使用次数减少3点 |
| 电闪光华阵 | 属性攻击 | 普通 | – | 1 | 70 | 自己体力降低至0点, 使下一个精灵2回合内必定致命一击 |
| 蓄 能 炸 弹 | 物理攻击 | 电 | 150 | 5 | 74 | 目标承受伤害的1/4反馈给自己 |

# 常用配招

| 内战建议配招 | 【迅雷击】+【虚体闪电】<br>+【雷暴】or【充电】+【惊雷】<br>or【电网】+【阴云密布】 |
|---|---|
| 外战建议配招 | 【迅雷击】+【虚体闪电】<br>or【雷鸣闪】+【雷暴】or【充电】<br>+【惊雷】or【电闪光华阵】 |

# 学习力培养建议

| 建议1：刷满攻击和体力 |
|---|
| 对应性格：固执、勇敢 |

| 建议2：刷满体力，其余刷双防 |
|---|
| 对应性格：悠闲、顽皮、狂妄、慎重 |

| 建议3：刷满攻击和物防 |
|---|
| 对应性格：固执、顽皮 |

# 王者素质3：内战分析

斯加尔卡内战最大的对手，当然是雷伊。大家都知道雷伊现在可以特训，速度极限为"赛尔号"之冠。但除此之外，对战斯加尔卡时它的优势并不十分明显。

雷伊的"电闪光"降速度和命中，可斯加尔卡不需要速度。而斯加尔卡可以利用"阴云密布"来降雷伊的攻击和命中，这一方法比较有效。虽说雷伊可用"万丈光芒"来消解自身的弱化，但实战中雷伊很少保留有这一招。斯加尔卡刷物攻和物防的话，雷伊的攻击想要奏效就会比较麻烦。雷伊以"雷神觉醒"强化，斯加尔卡可以使用"惊雷"，不过雷伊的"极光刃"既有攻击效果又可破除强化，斯加尔卡此时只能依赖"虚体闪电"，胜率50%左右吧。

斯加尔卡对战泰瑞，必须认识到对手高攻高血的特点，斯加尔卡优秀的物防此时是很有价值的，而想要有效消减对手体力，则需要"雷暴"+"虚体闪电"的组合。

内战中，如面对诸如闪光电击兔、雷洛等特攻型对手，斯加尔卡就要利用"电网"加以弥补，然后"阴云密布"弱化对手，"雷暴"+"虚体闪电"来组织攻击。

雷伊 **9.7分**

泰瑞 **9.8分**

斯加尔卡 **9.6分**

# 王者素质4：外战分析

外战中，斯加尔卡单独冲锋陷阵还是困难多多的，但"电闪光华阵"却是其在多精灵外战中最大的价值所在。

"电闪光华阵"使用成功后，如果下一只精灵先不出攻击招，而是先上手强化或者发别的属性技能的话，将不影响后面两回合的致命一击。如果斯加尔卡自杀成功后，下一只精灵只打出一次致命一击就OVER了，那下下只精灵仍然可以打出一次致命一击。

这一技能在多精灵对战中，对BOSS战，以及巅峰之战中，几乎达到了可以左右战局的效果。继承斯加尔卡致命效果的精灵（如魔焰猩猩），如果第一次强化的话，基本下面出现的什么精灵都可以被秒杀（BOSS除外）。这样一来，对手的几只主力精灵迅速被消灭，胜负基本已定。

第四季的巅峰大赛上，新出的"暗影自爆刻印"更是催生了新的自爆战术。这个刻印出来后，巅峰上无数的玩家们舍弃了传承，而开始了自爆。

雷伊 **9.6分**　　泰瑞 **9.8分**　　斯加尔卡 **9.3分**

## 王者点评

从资质上看，斯加尔卡总体上较现在的主流精灵要低一些。分析原因，是其速度资质不够，不过大多数人是将斯加尔卡用作辅助型精灵，速度的资质就显得不太重要了。也正因为此，速度成了斯加尔卡的一大缺点。

斯加尔卡的强项有两个，首先是强大的致命接力"电闪光华阵"，这在多精灵的对战中可以使秒队精灵变得更加强，基本可以秒杀对方2只精灵！其次，斯加尔卡强大的攻击资质值配合先制技能"迅雷击"，具有极强的实用性。

# 阿哆啦

**精灵序号**：584
**精灵属性**：飞行系
**进化阶段**：高级
**精灵性别**：雌性
**类　　型**：收费精灵
**属性相克**：草、战斗
**被　　克**：电、冰，免疫地
　　　　　　属性

**9.4分**

**推荐性格：开朗、固执**

28级

## 获得方法

赫鲁卡之星"神谕之雪的救赎"中，由大长老召唤，如成功的话即可获得。

目前，可通过"梦幻砸蛋机"获得。

无法进化
序号：584
名字：阿哆啦
等级：34
升级所需经验值：3593
性格：稳重
获得时间：2011-11-16
攻击：92　　　防御：69
特攻：70　　　特防：89
速度：82　　　体力：123

飞击　　　　　　　凤凰回旋
威力：35　PP：35/35　威力：　PP：25/25

俯击　　　　　　　旋风
威力：50　PP：20/20　威力：40　PP：35/35

# 王者素质1：总体概况

阿哆啦的体力实在是先天不足，但攻击给力，达到了相当令人满意的水平。防御算得上中庸，特防也在同一水平，毕竟飞行系都有类似的通病，既然不是肉盾精灵，有这样的表现基本可以接受。

速度不错，可惜逊于托鲁克，失去了飞行冠军的宝座。总之，从资质上来看，这只精灵只能算是中等水平。但是，阿哆啦的技能不错，两项弱化技能为其增添了威力，也为其赢得了"弱化之王"的美名。

| 阿哆啦 9.5分 | 托鲁克 9.8分 | 哈尔翼蜂 9.7分 |

# 王者素质2：技能分析

"快击"是先手，威力仅仅50而已，不过是先制+2，可快中求胜。

"恐惧之风"是阿哆啦最大的亮点之一！减攻击、命中2个等级，弱化效果之突出，在"赛尔号"中独树一帜！

"邪念飚风"是消强化招，而且具有105的威力，连消带打，实用性令人赞叹。在打BOSS时，建议带上。（虽然打BOSS时有用，不过与其他专门的BOSS杀手级精灵相比，阿哆啦还是不够稳健啊。）

"迷惑之风"是阿哆啦的又一个亮点——减特攻和速度2个等级，果然是当之无愧的弱化之王呀！

"极限风力"使自己攻击提升2个等级，属于普通的强化招数，但也是战斗必备。

"魅影利袭"威力120，效果是必中。此技能原本只能算是普通，但是自从出了刻印，此技能就异军突起，威力从130升到170了。

"狙击战术"作用是2回合必定致命一击，辅助"绝影猎杀"使用，可以获得最大功效。

"绝影猎杀"作为阿哆啦的最大必杀，威力150，附加效果也比较普通，但这只精灵的价值不在进攻上，所以也就不要强求了。

| 阿哆啦 9.7分 | 托鲁克 9.8分 | 哈尔翼蜂 9.6分 |

# 技能表

| 技能名 | 攻击类型 | 技能属性 | 威力 | 次数 | 等级 | 使用效果 |
|---|---|---|---|---|---|---|
| 飞　击 | 物理攻击 | 飞行 | 35 | 35 | 1 | |
| 怒目而视 | 属性攻击 | 普通 | – | 15 | 5 | 令对手防御和特防降低1个等级 |
| 快　击 | 物理攻击 | 飞行 | 50 | 20 | 9 | 先手攻击 |
| 旋　风 | 特殊攻击 | 飞行 | 40 | 35 | 13 | – |
| 暴风回避 | 属性攻击 | 普通 | – | 25 | 17 | 1回合必定MISS |
| 鹏　展 | 物理攻击 | 飞行 | 65 | 30 | 21 | 先手威力翻倍 |
| 回风袭 | 特殊攻击 | 飞行 | 70 | 30 | 25 | – |
| 恐惧之风 | 属性攻击 | 普通 | – | 5 | 29 | 令对手攻击和命中降低2个等级 |
| 羽翼切割 | 物理攻击 | 飞行 | 90 | 15 | 33 | 攻击2个目标 |
| 邪念飓风 | 特殊攻击 | 飞行 | 105 | 10 | 37 | 消除对手能力强化效果 |
| 迷惑之风 | 属性攻击 | 普通 | – | 5 | 41 | 令对手速度和特攻降低2个等级 |
| 魅影利袭 | 物理攻击 | 飞行 | 120 | 5 | 45 | 必中 |
| 极限风力 | 属性攻击 | 普通 | – | 20 | 49 | 使自己攻击提升2个等级 |
| 暴动狂风 | 特殊攻击 | 飞行 | 130 | 5 | 53 | 15%几率令对手害怕 |
| 狙击战术 | 属性攻击 | 普通 | – | 10 | 57 | 2回合必定致命一击 |
| 绝影猎杀 | 物理攻击 | 飞行 | 150 | 5 | 61 | 10%几率攻击提升1个等级 |

# 常用配招

| 内战建议配招 | 【恐惧之风】or【迷惑之风】<br>+【快击】+【极限风力】<br>or【狙击战术】+【绝影猎杀】<br>or【魅影利袭】 |
| --- | --- |
| 外战建议配招 | 【恐惧之风】or【迷惑之风】<br>+【极限风力】or【狙击战术】<br>+【快击】or【邪念飓风】<br>+【绝影猎杀】or【魅影利袭】 |

# 学习力培养建议

**建议：刷满攻击和速度**

对应性格：开朗、固执

# 王者素质3：内战分析

内战最大的敌人是托鲁克、哈尔翼蜂、闪光波克尔和乌力朴。因为飞行系内战时，威力是不减半的，所以速度快的就占有绝对的优势。通过资质值来观察，哈尔翼蜂和托鲁克的速度要更快一些，而闪光波克尔和乌力朴则逊于阿哆啦。

实际战斗中，阿哆啦要把握好物攻伤害高的特点，使用先强化后大招的战术，基本可以打赢闪光波克尔和乌力朴。但是，对阵托鲁克和哈尔翼蜂，阿哆啦就比较困难。建议采用"恐惧之风"和"狙击战术"这2招的组合，将对手弱化到一定程度，然后才可以组织有效的进攻。

阿哆啦 **9.7分**

托鲁克 **9.8分**

哈尔翼蜂 **9.6分**

---

123/123

阿哆啦
LV: 34

闪光掌蝠
LV: 80

对战信息

【羽翼掌蝠】对【阿哆啦】旋风爪击，
【河克掌蝠】【快态】正常

阿哆啦

飞击
使用次数 35/35

暴雨回返
使用次数 25/25

快击
使用次数 20/20

旋风
使用次数 35/35

战斗　道具

精灵　逃跑

# 王者素质4：外战分析

阿哆啦在外战中的表现还是不错的，飞行系本身具有一定的先天价值，打电系和机械系威力减半，只被电系和冰系克制，天敌算是相对较少的。阿哆啦凭借飞行系特有的高攻高速的特点，一般的精灵都能用大招+先手搞定。

阿哆啦的快击是先手加2个等级，对克制的属性还是有些威胁的。

阿哆啦的"恐惧之风"作为重点弱化技能，外战中可以用来对付一些物攻型精灵，比如雷伊等，一般用3次后，雷伊几乎就打不到阿哆啦了（前提是雷伊没有携带"万丈光芒"这一招），然后可以慢慢展开攻击。

阿哆啦的"邪念飓风"用于消强化，虽然是特攻技能，但关键时候显威力，一般在对战盖亚之类的精灵时，为消除其强化而准备。

在面对克制飞行的电系、冰系精灵时，策略是先放"恐惧之风"和"迷惑之风"弱化对手，再攻击。群战中，阿哆啦的责任是弱化对手直到自己牺牲，然后出灭队精灵强化后灭队（弱化是为了确保自己的主力精灵在强化过程中少受伤害）。

**阿哆啦 9.7分**　**托鲁克 9.8分**　**哈尔翼蜂 9.6分**

## 王者点评

阿哆啦继承了飞行系低双防、低体力、高速度的特点。攻击和速度偏高，体力和防御偏低，特防一般，特攻可以无视。因为主要依赖于速度的优势，而且双防本身已经不是很高，所以千万不要选择减防的性格，否则这精灵的实力就真的会大为逊色。

# 托鲁克

| | |
|---|---|
| **精灵序号:** | 865 |
| **精灵属性:** | 飞行系 |
| **进化阶段:** | 高级 |
| **精灵性别:** | 雄性 |
| **类　　型:** | 收费精灵 |
| **属性相克:** | 草、战斗 |
| **被　　克:** | 电、冰,免疫地 |
| | 属性 |

**9.7分**

**推荐性格: 开朗、急躁**

**40级**

## 获得方法

在实验室用39米币购买,附带"翱翔之翼","飓风利袭"刻印,开启通用孔。

目前已绝版。

天空霸王
速度之王
托鲁克一族

# 王者素质1：总体概况

托鲁克双防明显比较低，被高攻的精灵先手大招攻击的话，会损失大量体力。不过，托鲁克的攻击、体力和速度很高，并且速度已经达到赛尔号的前列！

值得关注的是，托鲁克的技能非常强大，而且很全面！打BOSS有消强，内战有"白羽净化"，团战有"致盲飓风"，单挑有"坚硬体格"，还有先手+2的"快击"，作为飞行系的王者，的确实力出众。

| 阿哆啦 9.6分 | 托鲁克 9.8分 | 哈尔翼蜂 9.5分 |
|---|---|---|

# 王者素质2：技能分析

"快击"威力50，先手技能。托鲁克本身速度已经足够快，因此此招实用性不强。

"高空飞行"令对方命中下降2个等级，弱化对手的技能，高速抢先出手并将对手弱化，使接下来的战斗更为有利。

"速度神爪"威力120，可令对方所有能力增强效果消失。非常有价值的一招，既具有较强攻击力，又可以消除强化，同时作为普通系物攻，内战时更加如虎添翼。

"白羽净化"作为飞行物攻，威力随机，随机范围在150~220之间，实力为飞行系之冠。

"致盲飓风"，5回合内如果先出手，50%几率对手害怕1回合，有运气的成分在内，对战时可以根据对手的特性加以选择。这种控场不是靠命中率，而是靠速度，很适合"速度之王"的作风！

"坚硬体格"可以提升自身攻击2个等级，防御、特防1个等级，很有效的辅助招数，配合白羽净化更show威力。此外，该招数不仅强化了物攻还强化了双防，降低了来自对手的威胁。

"飓风利袭"是飞行系物攻，威力150，15%几率附加速度的1/3伤害。出现几率低，但效果惊人！

| 阿哆啦 9.7分 | 托鲁克 9.8分 | 哈尔翼蜂 9.6分 |
|---|---|---|

# 技能表

| 技能名 | 攻击类型 | 技能属性 | 威力 | 次数 | 等级 | 使用效果 |
|---|---|---|---|---|---|---|
| 飞击 | 物理攻击 | 飞行 | 35 | 35 | 1 | – |
| 强袭幻影 | 属性攻击 | 普通 | – | 10 | 5 | 2回合致命 |
| 快击 | 物理攻击 | 飞行 | 50 | 20 | 9 | 先制攻击 |
| 龙卷风 | 特殊攻击 | 飞行 | 70 | 20 | 13 | 5%几率令对手害怕 |
| 高空飞行 | 属性攻击 | 普通 | – | 20 | 17 | 令对手命中降低2个等级 |
| 飞羽击 | 物理攻击 | 飞行 | 80 | 25 | 21 | 体力低于1/4威力翻倍 |
| 风之刃 | 特殊攻击 | 飞行 | 25 | 15 | 25 | 连续攻击目标3~6次 |
| 弹性身躯 | 属性攻击 | 普通 | – | 10 | 29 | 完全抵挡一次伤害 |
| 羽翼切割 | 物理攻击 | 飞行 | 90 | 15 | 33 | 攻击2个目标 |
| 速度神爪 | 特殊攻击 | 普通 | 120 | 10 | 37 | 消除强化 |
| 疾风之翼 | 属性攻击 | 普通 | – | 10 | 41 | 3回合内如果先出手,伤害20%恢复体力 |
| 白羽净化 | 物理攻击 | 飞行 | 0 | 10 | 45 | 威力150~220随机 |
| 致盲飓风 | 属性攻击 | 普通 | – | 10 | 49 | 5回合内,如果先出手,50%几率对手害怕1回合 |
| 猎手强击 | 特殊攻击 | 飞行 | 140 | 5 | 53 | 15%几率造成对手麻痹 |
| 坚硬体格 | 属性攻击 | 普通 | – | 5 | 57 | 自身攻击提升2级,防御、特防提升1级 |
| 飓风利袭 | 物理攻击 | 飞行 | 150 | 5 | 61 | 10%几率附加速度1/3伤害 |

# 常用配招

| 内战建议配招 | 【飓风利袭】+【强袭幻影】<br>+【白羽净化】+【猎手强击】 |
|---|---|
| 外战建议配招 | 【弹性身躯】+【速度神爪】<br>+【坚硬体格】or【强袭幻影】 |

# 学习力培养建议

**建议：** 刷满攻击和速度

对应性格：开朗、急躁

# 王者素质3：内战分析

在当前飞行系的内战中，托鲁克的最大对手是阿哆啦。

阿哆啦的两招弱化技能——"恐惧之风"、"迷惑之风"都具备令人恐惧的效果，"弱化之王"并非浪得虚名。托鲁克与阿哆啦对战，建议配"飓风利袭"，因为阿哆啦和托鲁克皆为物攻速度流精灵，在阿哆啦"恐惧之风"后若托鲁克的技能全部MISS的话，那么托鲁克就输了！所以，托鲁克一定要配有加刻印的大招，这样必中才有保障。双方虽然都有消强化的招数，但因为都是特攻，所以内战时一般并不会配备（除非托鲁克和阿哆啦是针对彼此对战而专门配置技能）。这样一来，如果托鲁克强化，阿哆啦就必须使用"恐惧之风"，而这时当托鲁克出大招，阿哆啦的弱化不过把它的攻击降回原数值，防御强化还在，所以加大招刻印的托鲁克是比较容易打败阿哆啦的。

面对其他内战对手，托鲁克的速度优势足以确保其获得胜利，基本可以用"飓风利袭"+"快击"的方式击败对手。

阿哆啦 **9.5分**

托鲁克 **9.6分**

哈尔翼蜂 **9.3分**

# 王者素质4：外战分析

　　托鲁克在外战中，速度无疑也是最快的（除了月光兽爆发的情况），可以"白羽净化"＋"快击"击败对方，如果"白羽净化"打出了220威力，那就可以一招秒杀对手了。遇上克制飞行系的精灵，可以"致盲飓风"＋"坚硬体格"＋"白羽净化"击败对手，当然要看能否碰上"致盲飓风"那50%令对手害怕的几率了。也可以选择减命中的"高空飞行"控制局势，然后强化自身并以大招干掉对手。

　　遇到战斗系、地面系、草系的精灵，可以用"白羽净化"秒杀。除上述几个系之外，其他精灵基本上都可以一次强化后秒杀。

　　在如今巅峰之战中，谱尼、雷伊的出现率超过60%。特别是在这个雷伊横行的时代，飞行系实在没有太大作为，即使再触发效果也秒不了雷伊，但雷伊的大招很有可能致命。托鲁克遇到雷伊最好使用"致盲飓风"，这样或许有40%的胜率！

　　面对谱尼这类的控制大师型精灵，托鲁克的胜率也不会超过50%，建议在对战中托鲁克先尝试"高空飞行"两次，由于谱尼没有必中招，托鲁克趁机强化便有取胜的可能。

**阿哆啦 9.7分**　　　**托鲁克 9.7分**　　　**哈尔翼蜂 9.4分**

# 王者点评

　　托鲁克被称为速度之王，是目前已知的精灵中速度最快的，但其极限速度必须在个体31且加速度性格的极品身上才可达到无敌的境地，否则会被极品的雷伊、魔焰猩猩等超越。

　　不过，同等条件下，托鲁克的速度优势还是比较突出的。托鲁克美中不足的是缺乏普通物攻技能，另外成名招数"致盲飓风"的命中率只有50%，总体表现不算特别稳定。

# 哈尔翼蜂

| | |
|---|---|
| 精灵序号: | 321 |
| 精灵属性: | 飞行系 |
| 进化阶段: | 高级 |
| 精灵性别: | 雌性 |
| 类　　型: | 融合精灵 |
| 属性相克: | 草、战斗 |
| 被　　克: | 电、冰,免疫地 |
| | 属性 |

**9.5分**

## 推荐性格: 保守

20级 ➡ 40级

## 获得方法

　　哈尔翼蜂是融合精灵,由灵翼蜂和幽浮融合而来。

　　灵翼蜂是小萤蜂的高级进化形态。小萤蜂的获得方法是从赛尔典藏的"装备典藏"中购买寒流枪(这是需要花费米币的),然后前往云霄星二层,用寒流枪将其定住后捕捉。幽浮是普通精灵,只要在云霄星球的二层捕捉即可。注意,幽浮的三段进化形态都可以参与融合,结果不变。融合后得到橙色元神珠,前往云霄星顶层吸收能量,然后孵化可得。

# 王者素质1：总体概况

哈尔翼蜂的体力、特攻和双防都比较低，速度出色，攻击也算不错，可偏偏最大招又是特攻属性，因此在小赛尔间出现了多种培养路线。

如果是加特攻或减物攻的性格，当然刷特攻较好；其他的性格，如将哈尔翼蜂用于单精灵对战，那么刷物攻，因为它的先手招是物理攻击属性；如将哈尔翼蜂用于精灵团战，那么推荐特攻型，因为特攻属性的最终必杀技附带加特攻的效果，团战时甚是威猛。

| 阿哆啦 9.5分 | 托鲁克 9.8分 | 哈尔翼蜂 9.7分 |
|---|---|---|

# 王者素质2：技能分析

"快击"威力50，号称先手之中的先手，抢攻必备技能。

"舞动"使自己攻击和特攻提升1个等级，同时提升双攻，在成长初期很有携带的必要。

"模仿术"可以在5回合内，使自己的防御力和目标相同，这个招数看似强劲，但实际上效果难以预估。

"急速燕返"威力65，先手+必中，关键时刻威力显著。

"栖息"可以恢复自己一半的体力，确保有一定体力准备反击。

"毒粉"命中时使目标中毒，对战中可以用来扰乱对手的战术。

"追击式"使自己特攻提升2个等级，特攻型哈尔翼蜂必备。

"飞旋冲击"是飞行系物理攻击，威力120，额外增加40点固定伤害，物攻型哈尔翼蜂的杀手锏。

"突进式"使自己攻击提升2个等级，物攻型哈尔翼蜂强化必备。

"龙卷冲击波"是飞行系特殊攻击，威力140，在新一代精灵中算是比较低了，附加20%的几率提升自己特攻1个等级。由于特攻资质值不尽如人意，这招的效果也打了折扣。

| 阿哆啦 9.7分 | 托鲁克 9.8分 | 哈尔翼蜂 9.6分 |
|---|---|---|

# 技 能 表

| 技能名 | 攻击类型 | 技能属性 | 威力 | 次数 | 等级 | 使用效果 |
|---|---|---|---|---|---|---|
| 飞　击 | 物理攻击 | 飞行 | 35 | 35 | 1 | – |
| 高速移动 | 属性攻击 | 普通 | – | 20 | 5 | 使自己速度提升2个等级 |
| 旋　风 | 特殊攻击 | 飞行 | 40 | 35 | 9 | – |
| 快　击 | 物理攻击 | 飞行 | 50 | 20 | 14 | 更加优先出招 |
| 吹　飞 | 属性攻击 | 普通 | – | 20 | 19 | 使目标速度降低1个等级 |
| 风　刃 | 特殊攻击 | 飞行 | 60 | 30 | 23 | – |
| 舞　动 | 属性攻击 | 普通 | – | 30 | 27 | 使自己攻击和特攻提升1个等级 |
| 乱　撞 | 物理攻击 | 普通 | 90 | 20 | 31 | – |
| 回风袭 | 特殊攻击 | 飞行 | 70 | 30 | 35 | 容易打出致命一击 |
| 模仿术 | 属性攻击 | 普通 | – | 20 | 39 | 5回合内, 使自己的防御力和目标相同 |
| 急速燕返 | 物理攻击 | 飞行 | 65 | 20 | 42 | 优先出招, 必定命中目标 |
| 栖　息 | 属性攻击 | 普通 | – | 10 | 45 | 恢复自己一半的体力 |
| 风之翼 | 特殊攻击 | 飞行 | 80 | 20 | 48 | 20%的几率提升自己速度1个等级 |
| 折　翼 | 物理攻击 | 普通 | 90 | 15 | 51 | 目标所受伤害的1/4会反弹到自己 |
| 毒　粉 | 属性攻击 | 普通 | – | 35 | 54 | 命中时使目标中毒 |
| 剧毒针刺 | 特殊攻击 | 普通 | 60 | 30 | 57 | 50%的几率使目标中毒 |
| 腾空冲撞 | 物理攻击 | 飞行 | 100 | 10 | 60 | 15%的几率使目标防御降低1个等级 |
| 追击式 | 属性攻击 | 普通 | – | 20 | 63 | 使自己特攻提升2个等级 |
| 螺旋漩涡 | 特殊攻击 | 飞行 | 105 | 10 | 66 | 15%的几率降低目标特防1个等级 |
| 飞旋冲击 | 物理攻击 | 飞行 | 120 | 10 | 69 | 额外增加40点固定伤害 |
| 突进式 | 属性攻击 | 普通 | – | 10 | 72 | 使自己攻击提升2个等级 |
| 龙卷冲击波 | 特殊攻击 | 飞行 | 140 | 5 | 76 | 20%的几率提升自己特攻1个等级 |

# 常用配招

| | |
|---|---|
| **内战建议配招** | 【龙卷冲击波】or【飞旋冲击】<br>+【追击式】or【突进式】<br>+【栖息】+【急速燕返】<br>or【快击】 |
| **外战建议配招** | 【龙卷冲击波】or【飞旋冲击】<br>+【追击式】or【突进式】<br>+【栖息】or【毒粉】<br>+【急速燕返】or【快击】 |

# 学习力培养建议

| 建议1：刷满速度和体力 |
|---|
| 对应性格：保守 |

| 建议2：刷满特攻和速度 |
|---|
| 对应性格：胆小 |

| 建议3：刷满速度和特防（或防御） |
|---|
| 对应性格：保守 |

| 建议4：刷满速度和攻击 |
|---|
| 对应性格：浮躁 |

哈尔翼蜂对战托鲁克时弱点很突出，改变局势的机会相对渺茫。与阿哆啦对战，双方实力接近，但阿哆啦技能明显更为实用，物攻型的哈尔翼蜂可以抓住对手物防低的特点，强化后"飞旋冲击"+"快击强攻"，获胜几率50%左右。

哈尔翼蜂之间的对战中，如果你对自己的速度没有信心，建议就不要刷特攻学习力，改刷攻击，然后配招时换上"快击"这个物攻先手技能。对战时第一回合大家都用"龙卷冲击波"互拼，第二回合你就出"快击"，希望凭借先手和高物攻来击败对方。

对战闪光波克尔，正常情况下哈尔翼蜂都会比闪光波克尔快，所以开战之后直接用大招"龙卷冲击波"，就算对方出"魅惑"来降低你的命中率，也可以先用"追击式"加强特攻，或者用"栖息"来恢复体力，之后继续用"龙卷冲击波"，胜率一般在70%~80%之间。

对战巴弗洛，哈尔翼蜂的胜率一般都在90%以上，一般先用"追击式"强化一次特攻，然后一个"龙卷冲击波"就可以秒杀对方。巴弗洛常用的"镇魂歌"+"栖息"打法，很难压制哈尔翼蜂，基本上无法挨到3个回合"镇魂歌"死亡效果出现。

**阿哆啦 9.7分**

**托鲁克 9.8分**

**哈尔翼蜂 8.6分**

# 王者素质4：外战分析

哈尔翼蜂在精灵团战中，建议最好是速攻型（"胆小"性格），学习力速度刷254点（满速），特攻刷252点（满攻），体力或特防刷4点。必配招数为"龙卷冲击波"、"追击式"、"快击"（先手），其他诸如"飞旋冲击"和"急速燕返"可以选择配备等。

此外，对战BOSS时哈尔翼蜂也是不错的选择，要是特性为"瞬杀"，甚至可以用来打青龙和玄武。BOSS战中，哈尔翼蜂招数的一般配置是："龙卷冲击波"+"追击式"+"栖息"+"毒粉"。

**阿哆啦 9.7分**　　**托鲁克 9.8分**　　**哈尔翼蜂 8.6分**

# 王者点评

哈尔翼蜂的特攻、物攻比较平均，特攻大招杀伤力强，物攻先手是必中技能，速度之快接近谱尼，丰富的发展可能使其一度成为飞行系之王。

随着阿哆啦和托鲁克的出现，哈尔翼蜂的王座被撼动，内战中遇到了强劲的对手。但是，这并没有影响到它在外战中所能发挥的特有价值。

哈尔翼蜂比较容易获得，建议小赛尔都能培养一只。

# 桑特诺娃

| | |
|---|---|
| 精灵序号: | 566 |
| 精灵属性: | 光系 |
| 进化阶段: | 高级 |
| 精灵性别: | 雌性 |
| 类　　型: | 收费精灵 |
| 属性相克: | 超能、暗影、对草系无效 |
| 被　　克: | 草，免疫超能属性 |

9.7分

## 推荐性格: 保守、胆小

 16级→  36级→

## 获得方法

　　来到塞西利亚星，找到爱丽丝。在爱丽丝面前放着一个弹药箱，里面放着高热溶解弹，一米币一个！在山洞中每打掉一个冰柱会获得一个永寒精华，可以用来兑换道具。此外在打掉冰柱过程中，有可能获得冰柱中的精灵——桑特诺娃。冰柱中的精灵会在冰柱中移动，而且速度非常快，需要消耗不少弹药才能得到它。

　　此后，曾一度在精灵扭蛋机第六弹中获得。目前已绝版。

# 王者素质1：总体概况

桑特诺娃速度资质值超出预期。特攻资质值也很出色，体力资质值保证了它的基本生存能力，不至于被克制它的精灵秒杀。低物防是一个比较明显且严重的缺陷，幸好可以通过技能来弥补。总之，多样化的技能产生出多种战术搭配，这使得桑特诺娃适用于很多场合，成为光系精灵的首选。其性格最好是胆小，因为速度快，可以发挥它的长处。其次是保守，特攻型精灵嘛。最好不要用急躁等减物防的性格，因为它物防本来就低，再减的话可能被盖亚等一击致命。

**桑特诺娃 9.7分　厄尔塞拉 9.7分　依希亚 9.6分**

# 王者素质2：技能分析

"炫光盾"可以提升特防2个等级，弥补了低防的缺点，但实战时要把握好时机。

"闪耀之星"确保2回合致命，增加了击杀对手的几率。

"炫光闪"是先手技能，光系特攻，威力70，算是中规中矩。

"光之眷顾"可以令自身1回合受到致死伤害时，剩下一滴血，在危急时刻使用，但实际价值还需结合对手招数的特点。

"狂暴光烈"是自身体力小于1/8时，威力为3倍，原威力为90。这个技能不同于阿克诺亚的大招，因为桑特诺娃防御低，很容易就会到1/8体力。

"光合切裂"是光系物攻，威力120，消除对手强化。

"无限念气"是普通系特攻，威力30，一回合做5~7次攻击，即威力在150~210之间，威力惊人。

"四面光袭"是光系特攻，必中，威力110。这招本身没什么亮点，但是配合"神念"就是神技，神念减命中，而本招是必中啊。

"魔光灭杀"是光系特攻，威力150，额外附加30点伤害。附加很给力，但是MISS率较高。

**桑特诺娃 9.7分　厄尔塞拉 9.7分　依希亚 9.6分**

# 技能表

| 技能名 | 攻击类型 | 技能属性 | 威力 | 次数 | 等级 | 使用效果 |
|---|---|---|---|---|---|---|
| 电光火石 | 物理攻击 | 普通 | 40 | 30 | 1 | 先手 |
| 炫光盾 | 属性攻击 | 普通 | – | 20 | 5 | 使自己特防提升2个等级 |
| 光弹 | 特殊攻击 | 光 | 50 | 40 | 9 | |
| 不知疲倦 | 属性攻击 | 普通 | – | 20 | 13 | 抵抗异常状态的能力提升了 |
| 蓝光刺 | 物理攻击 | 光 | 25 | 30 | 17 | 连续攻击目标2~3次 |
| 炫光闪 | 特殊攻击 | 光 | 70 | 25 | 21 | 先手 |
| 光之眷顾 | 属性攻击 | 普通 | – | 10 | 25 | 1回合受到致命伤害留1点体力值 |
| 狂暴光裂 | 特殊攻击 | 光 | 90 | 15 | 29 | 体力低于1/8威力为3倍 |
| 光影残像 | 属性攻击 | 普通 | – | 10 | 33 | 1回合对手直接攻击必定MISS |
| 四面光袭 | 特殊攻击 | 光 | 110 | 10 | 37 | 必中 |
| 闪耀之星 | 属性攻击 | 普通 | – | 10 | 41 | 2回合直接攻击必定致命一击 |
| 光合切裂 | 物理攻击 | 光 | 120 | 5 | 45 | 消除对手能力强化效果 |
| 无限念气 | 特殊攻击 | 普通 | 30 | 5 | 49 | 连续攻击目标5~7次 |
| 神念 | 属性攻击 | 普通 | – | 5 | 53 | 使自己特攻提升2个等级,速度提升1个等级,命中降低1个等级 |
| 蓝色光球 | 物理攻击 | 普通 | 140 | 5 | 57 | 5回合致命一击率提升 |
| 魔光灭杀 | 特殊攻击 | 光 | 150 | 5 | 61 | 附加30点固定伤害 |

# 常用配招

| 内战<br>建议<br>配招 | 【魔光灭杀】or【狂暴光裂】<br>+【神念】+【四面光袭】<br>or【无限念气】+【炫光闪】 |
|---|---|
| 外战<br>建议<br>配招 | 【神念】+【四面光袭】<br>or【炫光闪】+【无限念气】<br>+【狂暴光裂】or【魔光灭杀】 |

# 学习力培养建议

| 建议1：刷满特攻和速度 |
|---|
| 对应性格：保守、稳重、马虎、胆小 |
| 建议2：刷满特攻，速度100，体力155 |
| 对应性格：保守、胆小 |

# 王者素质3：内战分析

　　桑特诺娃的"魔光灭杀"威力达到150，而且还附带固定的30点伤害，有兴趣的小赛尔可以考虑购买一个"魔光灭杀"刻印，这样固定伤害便能升至50，对手精灵很难承受如此强烈的攻势。况且，桑特诺娃还有普通系的大招"无限念气"，威力更是惊人，同时避免了内战属性的冲突。这两招在内战单挑时往往会显现出突出的价值。

　　内战敌人主要就是厄尔塞拉，我方只要两个"无限念气"就可以解决对手；另外，也可利用"电光火石"来抢攻，因为这招不仅是先手，而且MISS率不高。配合"神念"或"闪耀之星"强化后（推荐后者，毕竟前者有降低命中的副作用），不仅可以避免敌人补血，还可防止厄尔塞拉有机会以"光芒附体"强化自身。

　　由于暂时没有光系大师杯，所以深入研究光系内战暂时没有太大的意义。对于桑特诺娃而言，内战战术其实没有多大变化——"闪耀之星"引发两次"无限念气"的致命一击，依希亚等就算不死也只剩下一口气了。

桑特诺娃 **9.8**分

厄尔塞拉 **9.6**分

依希亚 **9.5**分

# 王者素质4：外战分析

外战当中，桑特诺娃面对巅峰之战的几个高胜率精灵，包括罗特利斯、该隐、桑诺特等等，依靠光系克制超能系和暗影系的优势，基本上是稳胜的（"神念"+"魔光灭杀"）。面对谱尼，打法也"是神念+魔光灭杀"，不过胜率不高。

"无限念气"是桑特诺娃的招牌技能，此技能为普通系特攻，本身威力在150~210之间，有巅峰作战经验的小赛尔们一定会选择兑换一个价值3040荣誉的"无限念气"刻印。这时候威力的范围能提升到180~240之间。无论是灭队还是对单个精灵的打击，都无疑是如虎添翼。

面对火、水、草三大主系精灵，火系和水系也是以高伤害压制而胜，但要小心高特防的鲁斯王的"克制"。遇到鲁斯王，先强化，看对方是否用"克制"，如果"克制"，那么说明这只鲁斯王很可能是刷过双防的！这时，我方使用先手2次，借助之前的强化基本可以将对手干掉，实在不行就最后以"光之眷顾"结束。

至于草系，相对困难很多，如面对丽莎布布，强化后大招"无限念气"，但能否取胜需要拼运气。

**桑特诺娃 9.7分** | **厄尔塞拉 9.8分** | **依希亚 9.5分**

## 王者点评

这是一只非常不错的精灵，堪称"光系之王"。其招数除了弱化方面略有欠缺之外，其他领域都有令人赞叹的表现。此外，配合刻印的使用，更增加了招数的威力。

这只精灵目前已经绝版，如果当初曾获得的话，建议大家一定好好培养，相信会给你带来不小的惊喜。

# 厄尔塞拉

**9.5分**

| | |
|---|---|
| **精灵序号:** | 421 |
| **精灵属性:** | 光系 |
| **进化阶段:** | 高级 |
| **精灵性别:** | 雌性 |
| **类　　型:** | BOSS精灵 |
| **属性相克:** | 超能、暗影,对草系无效 |
| **被　　克:** | 草,免疫超能属性 |

## 推荐性格: 保守、马虎、稳重

19级 ➡ 37级 ➡

## 获得方法

　　厄尔塞拉的位置就在光之迷城,但是必须在游戏中白天的状态下进入才可以看到它。如果进入时为夜晚,可以刷新几次,即可昼夜转换。

　　此外,也可以通过右上角的SPT快速导航直接前往挑战。

# 王者素质1：总体概况

厄尔塞拉的双防不错，避免了被秒杀的悲剧。攻击不是很高，尽管先手技能是物理攻击，但其实使用率微乎其微。特攻很不错，速度也基本令人满意。虽然体力偏低，但幸好有双防支撑。仅从资质值来看，这是一只蛮强的特攻精灵。

光系免疫超能，克制暗影，在对这两个系的精灵时优势最为明显。然而，在实战中面对出现率最高的水、火和草三大主系时，厄尔塞拉完全占不到便宜。特别是草系对光系完全免疫，再加上机械系和圣灵系两个系，光系更无用武之地。

| 桑特诺娃 9.7分 | 厄尔塞拉 9.7分 | 依希亚 9.5分 |
|---|---|---|

# 王者素质2：技能分析

"封印"是属性技能，可以降低对方攻击、特攻1个等级。标准的弱化技能，效果一般。

"鬼火"命中后100%令对方烧伤，对付着重防御的精灵比较有效。

"瞬闪"是普通系物理攻击，威力70，唯一先手，威力普通，又是物理属性，遗憾。

"八尺镜"可以使自身在接下来的2回合中，每次直接攻击必定致命一击。很好的攻击辅助，对战中可以考虑配备。

"金光闪烁"是光系特殊攻击，威力90，可以令对方增强效果消失，不错的消强化招数。

"时空裂痕"为普通特攻，威力100，连续使用每次威力增加20，最高威力增加60，这样就达到了160的威力，不过谁能支撑那么久呢？

"光芒附体"可以令自身攻击、防御、特攻、特防、速度提升1个等级，可以与哈莫雷特的"龙之意志"相媲美。

"奇幻光芒"是光系特攻，威力140，技能使用成功时30%令对方烧伤、冻伤或中毒，攻击力虽不突出，但胜在附加效果给力。

| 桑特诺娃 9.7分 | 厄尔塞拉 9.6分 | 依希亚 9.6分 |
|---|---|---|

# 技能表

| 技能名 | 攻击类型 | 属性 | 威力 | 次数 | 等级 | 使用效果 |
|---|---|---|---|---|---|---|
| 追击 | 物理攻击 | 普通 | 40 | 20 | 1 | 连续攻击目标2~3次 |
| 封印 | 属性攻击 | 普通 | – | 10 | 6 | 令对手攻击和特攻降低1个等级 |
| 虹光射线 | 特殊攻击 | 光 | 40 | 30 | 10 | – |
| 鬼火 | 属性攻击 | 普通 | – | 15 | 14 | 100%几率令对手烧伤 |
| 强光照射 | 特殊攻击 | 光 | 55 | 30 | 18 | 10%几率令对手命中降低1级 |
| 愤怒冲撞 | 物理攻击 | 普通 | 60 | 30 | 22 | |
| 纯洁之光 | 属性攻击 | 普通 | – | 20 | 26 | 使自己防御和特防提升1个等级 |
| 七色光芒 | 特殊攻击 | 光 | 75 | 25 | 30 | 30%几率令对手麻痹、睡眠、害怕 |
| 瞬闪 | 物理攻击 | 普通 | 70 | 30 | 34 | 先制攻击 |
| 八尺镜 | 属性攻击 | 普通 | – | 15 | 38 | 使用后2回合内攻击必定致命一击 |
| 金光闪烁 | 特殊攻击 | 光 | 90 | 20 | 42 | 清除对手能力强化效果 |
| 舍身撞击 | 物理攻击 | 普通 | 120 | 15 | 46 | 反弹1/4伤害 |
| 幻化光芒 | 属性攻击 | 普通 | – | 10 | 50 | 令对手命中降低1级 |
| 时空裂痕 | 特殊攻击 | 普通 | 100 | 15 | 54 | 连续使用每次威力增加20，最高威力60 |
| 光能聚合 | 物理攻击 | 光 | 120 | 10 | 58 | 额外增加30点固定伤害 |
| 光芒附体 | 属性攻击 | 普通 | – | 10 | 62 | 令自身所有能力提升1个等级 |
| 奇幻光芒 | 特殊攻击 | 光 | 140 | 5 | 66 | 30%几率令对手烧伤、冻伤、中毒 |

## 常用配招

| 内战<br>建议<br>配招 | 【奇幻光芒】+【光芒附体】<br>+【时空裂痕】+【金光闪烁】<br>or【八尺镜】or【幻化光芒】 |
|---|---|
| 外战<br>建议<br>配招 | 【奇幻光芒】+【光芒附体】<br>+【时空裂痕】+【金光闪烁】<br>or【八尺镜】or【幻化光芒】 |

## 学习力培养建议

| 建议1：刷满特攻和速度 |
|---|
| 对应性格：保守、稳重 |
| 建议2：刷满特攻，速度155，体力100 |
| 对应性格：保守、马虎、稳重、胆小 |

# 王者素质3：内战分析

　　内战中，一般遇上的都是厄尔塞拉和桑特诺娃。

　　遇上桑特诺娃，可以先以"光芒附体"强化1~2次，随后大招"奇幻光芒"狂轰。因为桑特诺娃的消强招是物攻，所以一般不会配置，但要小心它的"狂暴光裂"，万一对方只剩1/8的血，那厄尔塞拉就危险了。一般情况下，桑特诺娃也会以大招狂轰，这时厄尔塞拉的个体、性格以及学习力刷法都会产生不同的影响。

　　厄尔塞拉之间的对决其实是速度的决胜，"光芒附体"强化，接着"奇幻光芒"，不必担心对手的先制攻击，全面强化后的厄尔塞拉稳扎稳打即可。

　　遇到依希亚，也是一样的策略，先强化再大招，相信胜率还是很高的。

**桑特诺娃 9.8分**

**厄尔塞拉 9.6分**

**依希亚 9.5分**

# 王者素质4：外战分析

　　在外战中，一般厄尔塞拉都是数次"光芒附体"，再大招"奇幻光芒"狂轰，如果对方一息尚存，再使用先手攻击。

　　由于厄尔塞拉是光系，对冰、机械、圣灵系精灵效果微弱，对草无效，克制暗影和超能。冰、机械系的精灵强者实在太少，练的玩家也因此特别少，精灵王之战中遭遇的可能性比较低，所以不必担心。圣灵因为目前还只有谱尼，遇到的话就自认倒霉吧。

光系对草系完全无效，而草系精灵原本就强者如云，像丽莎布布这种强大的对手，实在没有战胜的可能。

因此，就属性来看，厄尔塞拉最活跃的外战战场是巅峰之战。我们因此列举一些巅峰之战中常见的对手和战术：

对谱尼基本没希望。对杰西卡，因其喜欢"冲刺"，所以厄尔塞拉第一回合一定要"光芒附体"强化，接着"金光闪烁"消除对手的强化，或者大招"奇幻光芒"直接灭之。对该隐，一般一招即可秒杀。对罗德利斯，由于是火超系精灵，而超能对光系无效，厄尔塞拉轻松即可将其击败。对雷伊，胜率应该是50%左右，因为雷伊有"雷祭"，如果它一味依靠"雷神天明闪"，厄尔塞拉可以先强化，然后再反攻。

打勇者之塔的话，厄尔塞拉和丽莎布布一样，也可以担当主力。主要用处体现于打超能系和暗影系的精灵，我们可以加强6次"光芒附体"，然后再用"八尺镜"，接着无论出什么精灵你都可以大招伺候。

**桑特诺娃 9.7分**　**厄尔塞拉 9.8分**　**依希亚 9.5分**

  王者点评

厄尔塞拉体力资质值一般，所以小赛尔都是刷速度将其用于秒队。需要提醒的是，"八尺镜"这个招数在多精灵对战中慎用，因为此时只有2回合致命是远远不够的。总之，这位踏着七彩祥云而来的光系精灵带给我们许多意外的惊喜，它的价值一度直追丽莎布布，不少BOSS倒在它的脚下。现在，厄尔塞拉的传说还在延续，光系精灵终于在实用价值上迈出了划时代的一步。

# 依希亚

| | |
|---|---|
| 精灵序号 | 220 |
| 精灵属性 | 光系 |
| 进化阶段 | 高级 |
| 精灵性别 | 无 |
| 类　　型 | 稀有精灵 |
| 属性相克 | 超能、暗影，对草系无效 |
| 被　　克 | 草，免疫超能属性 |

**9.3分**

## 推荐性格: 保守、胆小

**30级**

## 获得方法

　　一度绝版。近期在"光之一族的灾难"任务中，于周五下午1点到4点之间来到果然星蜜桃森林，会看到珀伽索斯出现。玩家点击光球，会出现两种结果，一是进入与光之精灵的随机对战，二是提示什么也没有。接下来，对战里会随机出现光系精灵，一共有6只：依卢、奎尼、古丽、吉宝、蒙多、伶俐鸟。其中，依卢非常难捉。
　　但是，目前依卢已经无法捕捉，暂时绝版。

# 王者素质1：总体概况

从依希亚的资质值可以看出，它绝对是一只攻击性的精灵，特攻比较出色，速度也令人满意，防御和特防不尽如人意，体力则略显普通。基于此，依希亚练特攻速度是比较常规的选择。有小赛尔因为发现依希亚体力出众，所以刷体力和特攻，这种做法其实并不明智，毕竟速度对于现在的精灵对战来说往往是决胜的关键。

此外，还有小赛尔为了要对抗草系，专门刷依希亚的物攻，这虽然造就了依希亚的另类用途，使其整体作战水平大大下降。

桑特诺娃**9.7分**　厄尔塞拉**9.7分**　依希亚**9.5分**

# 王者素质2：技能分析

"闪光"可以令对方命中–1，虽然是普通弱化，但是威力不可忽视，打BOSS有用。

"封印"可令对方攻击、特攻–1，弱化技能，打BOSS和勇者之塔有很大用处。

"感应"能够提升自身特防2个等级，标准强化招，打BOSS时利用较多。

"金光闪烁"是光系特殊攻击，威力90，消除对方所有能力增强效果，攻击力在消强化招数中比较低。

"明亮"令对方速度–1，属于牵制技能。

"光闪击"是光系物理技能，威力70，先制等级+3，绝对先手，非常厉害。

"聚焦"令自身命中+2，强化招，对战中往往无暇使用。

"凝神"可以提升自身特攻2个等级，普通强化招，配合最终必杀技使用。

"阳光普照"是光系特殊技能，威力145，不仅是依希亚的最大招，而且还有必中效果。

桑特诺娃**9.7分**　厄尔塞拉**9.6分**　依希亚**9.6分**

# 技 能 表

| 技能名 | 攻击类型 | 技能属性 | 威力 | 次数 | 等级 | 使用效果 |
|---|---|---|---|---|---|---|
| 撞　击 | 物理攻击 | 普通 | 35 | 35 | 1 | |
| 闪　光 | 属性攻击 | 普通 | – | 30 | 6 | 使目标命中降低1个等级 |
| 光　弹 | 特殊攻击 | 光 | 50 | 40 | 11 | – |
| 电光火石 | 物理攻击 | 普通 | 40 | 30 | 16 | 优先出招 |
| 封　印 | 属性攻击 | 普通 | – | 10 | 18 | 使目标攻击和特攻降低1个等级 |
| 四散光波 | 特殊攻击 | 光 | 70 | 35 | 22 | 必定命中目标 |
| 感　应 | 属性攻击 | 普通 | – | 30 | 25 | 使自己特防提升2个等级 |
| 裂空刃 | 物理攻击 | 普通 | 75 | 25 | 28 | 目标体力少于一半时威力加倍 |
| 金光闪烁 | 特殊攻击 | 光 | 90 | 20 | 33 | 清除目标能力提升的效果 |
| 明　亮 | 属性攻击 | 普通 | – | 30 | 37 | 使目标速度降低1个等级 |
| 光闪击 | 物理攻击 | 光 | 70 | 30 | 41 | 绝对优先出招 |
| 五彩灵 | 特殊攻击 | 光 | 30 | 20 | 45 | 连续攻击目标3~5次 |
| 聚　焦 | 属性攻击 | 普通 | – | 20 | 49 | 使自己命中提升2个等级 |
| 聚光波 | 特殊攻击 | 光 | 80 | 15 | 53 | 目标体力少于一半时威力加倍 |
| 炫光冲击 | 物理攻击 | 光 | 80 | 15 | 57 | 先出手时威力为2倍 |
| 凝　神 | 属性攻击 | 普通 | – | 20 | 61 | 使自己特攻提升2个等级 |
| 阳光普照 | 特殊攻击 | 光 | 145 | 5 | 66 | 必定命中目标 |

# 常用配招

| 内战建议配招 | 【阳光普照】+【凝神】<br>+【金光闪烁】+【光闪击】 |
|---|---|
| 外战建议配招 | 【阳光普照】+【凝神】<br>+【金光闪烁】+【感应】<br>or【封印】or【光闪击】 |

# 学习力培养建议

| 建议1：刷满特攻和速度 |
|---|
| 对应性格：保守、稳重、马虎、胆小 |

| 建议2：刷满特攻，速度155，体力100 |
|---|
| 对应性格：保守、胆小 |

# 王者素质3：内战分析

　　光系内战较少，我们简单看看依希亚在内战中的表现。

　　如果对手是伶俐鸟，虽然伶俐鸟的速度与依希亚相比略胜一筹，但它的攻击和特攻都太低了，威胁不大，一般依希亚在"凝神"后使用大招，即可杀之。

　　遇到吉娜斯的话，由于吉娜斯速度与依希亚旗鼓相当且特攻十分高，要想打败的话需要先"感应"几次，别怕被吉娜斯的"辉煌"命中，依希亚的大招"阳光普照"是有必中效果的。"凝神"后，使用大招"阳光普照"杀之。

　　如对手是奎比利斯，因其特攻低、速度慢，实在是拿不出什么像样的战术和依希亚比较，还是可以"凝神"后"阳光普照"将其击败。注意，对方如果用"冰晶寒甲"，依希亚可以使用"金光闪烁"消掉。

　　依希亚单挑厄尔塞拉或者桑特诺娃的话，实在没什么胜算。对方无论是技能还是种族都太强大，依希亚勉强可以多次使用"闪光"后，再进一步"感应"，对方强化就消掉，不过取胜几率十分小。

　　对战古琪，针对其速度慢、特攻差的缺点，直接大招足以杀之。但注意对方有消强的招数。

桑特诺娃 **9.8分**

厄尔塞拉 **9.6分**

依希亚 **9.5分**

# 王者素质4：外战分析

在外战中，"感应"之后直接大招"阳光普照"，不行的话再追加"光闪击"，这个套路基本成为定式，屡试不爽。

对战草系精灵时胜率极低，特别是面对丽莎布布这样的强者，无奈认输吧！

对战火系精灵时，全部可以用大招"阳光普照"加先手"光闪击"秒杀之。

水系的精灵除了鲁斯王外，基本可以轻松击杀。对付低速鲁斯王可以先"凝神"，然后再用大招击破。

超能和暗影系精灵因为属性相克的缘故，皆可秒杀。

地面系的精灵基本也不是对手，但要注意卡鲁克斯、猛虎王之类的强者，此时需要靠速度，谁快谁的获胜几率高。

面对冰系和机械系，依希亚没办法，只能悲剧收场。

依希亚和龙系精灵进行战斗往往胜负各半，主要小心哈莫雷特的"龙之意志"。

战斗系里一般拼不过高速的盖亚，其余都有胜算。

电系和飞行系一般不是依希亚的对手，除非遇到雷伊这样的特例。

**桑特诺娃9.7分**　　**厄尔塞拉9.8分**　　**依希亚9.5分**

## 王者点评

依希亚是第一只光系精灵，由依卢进化而来，想当年光之依卢和暗之扎克可是很出名的精灵哦，不过现在似乎已经逐渐被新玩家遗忘了。

随着"光之一族的灾难"任务的上演，依希亚再度出现在小赛尔们的视野之中，它那历久弥新的力量也唤起了大家的浓厚兴趣。此外，依希亚的出色表现再度向小赛尔证明了老一代精灵的实力！

# 哈莫雷特

| | |
|---|---|
| **精灵序号**: | 216 |
| **精灵属性**: | 龙系 |
| **进化阶段**: | 高级 |
| **精灵性别**: | 雄性 |
| **类　　型**: | BOSS精灵 |
| **属性相克**: | 圣灵、冰、龙 |
| **被　　克**: | 战斗、龙 |

**9.8分**

## 推荐性格：固执

**40级**

## 获得方法

　　哈莫雷特的出现时间和地点随着剧情更改了多次，但是它并不像雷伊和盖亚那样频繁离去又归来，而是相对比较固定。目前，哈莫雷特出现的地点是哈莫星龙王圣殿，随时恭候小赛尔的挑战。

　　挑战攻略大家可以参看《赛尔号精灵对战必胜指南BOSS必杀篇》。

# 王者素质1：总体概况

哈莫雷特一直以来被小赛尔视为谱尼的克星，没有它的帮助，谱尼基本是不可能战胜的。但是，真正打精灵王时，哈莫雷特却并不能做到所向披靡，对付那些低防低体和无先手的精灵相对更为得心应手，一般就是"龙之意志"+"龙王灭碎阵"即可。但是，因为哈莫雷特本身攻击并非特别高，有些精灵不能秒杀，结果很容易被对手的先手招数击溃。

刷双防的哈莫雷特打谱尼确实挺占优势，但是这样一来就没有别的用途了，所以大众刷法是：攻击252，体力252，防御/特防/速度为6。

| 哈莫雷特 9.7分 | 塔克林 9.8分 | 塞维尔 9.6分 |
|---|---|---|

# 王者素质2：技能分析

"回避"可以躲避一次攻击，可以用来消耗对手的PP值。

"音速撞击"是普通物理攻击，威力60，因为优先出招，所以在对战中应用广泛。

"绿光珠"、"水流弹"、"炎火球"都是特殊攻击，虽然属性丰富且带有一定特殊效果，但由于资质值的限制，威力一般，实战中基本没有用武之地。

"超速腾飞"使自己速度提升2个等级，用于抢夺先手的优势。

"龙爪闪空破"为龙系物理攻击，威力100，可以额外增加40点的固定伤害，内外战均有用武空间。

"龙王波"是龙系特殊攻击，威力100，必定命中目标。

"龙之意志"可以使自己所有能力提升1个等级，非常强劲的招数，实用性出类拔萃。

"龙王灭碎阵"是龙系物理攻击，威力150，5%的几率使目标疲惫，哈莫雷特的最大必杀技。

| 哈莫雷特 9.7分 | 塔克林 9.8分 | 塞维尔 9.6分 |
|---|---|---|

# 技能表

| 技能名 | 攻击类型 | 技能属性 | 威力 | 次数 | 等级 | 使用效果 |
|---|---|---|---|---|---|---|
| 龙 爪 | 物理攻击 | 龙 | 45 | 40 | 1 | |
| 锋 利 | 属性攻击 | 普通 | – | 40 | 6 | 使自己攻击提升1个等级 |
| 龙 吼 | 特殊攻击 | 龙 | 50 | 40 | 11 | – |
| 碎 石 | 物理攻击 | 普通 | 60 | 35 | 15 | 15%的几率降低目标防御1个等级 |
| 回 避 | 属性攻击 | 普通 | – | 15 | 19 | |
| 龙 磷 光 | 特殊攻击 | 龙 | 70 | 30 | 23 | 20%的几率提升自己命中1个等级 |
| 音 速 撞 击 | 物理攻击 | 普通 | 60 | 30 | 26 | 优先出招 |
| 锁 敌 | 属性攻击 | 普通 | – | 30 | 29 | 使自己命中提升1个等级 |
| 绿 光 珠 | 特殊攻击 | 草 | 70 | 30 | 33 | – |
| 狂 龙 战 吼 | 物理攻击 | 龙 | 70 | 25 | 37 | 目标体力少于一半时威力加倍 |
| 水 流 弹 | 特殊攻击 | 水 | 80 | 25 | 41 | 10%的几率使目标冻伤 |
| 超 速 腾 飞 | 属性攻击 | 普通 | – | 20 | 45 | 使自己速度提升2个等级 |
| 炎 火 球 | 特殊攻击 | 火 | 90 | 20 | 50 | 10%的几率使目标烧伤 |
| 龙 爪 闪 空 破 | 物理攻击 | 龙 | 100 | 15 | 55 | 额外增加40点固定伤害 |
| 龙 王 波 | 特殊攻击 | 龙 | 100 | 15 | 60 | 必定命中目标 |
| 龙 之 意 志 | 属性攻击 | 普通 | – | 10 | 70 | 使自己所有能力提升1个等级 |
| 龙 王 灭 碎 阵 | 物理攻击 | 龙 | 150 | 5 | 80 | 5%的几率使目标疲惫 |

# 常用配招

**内战建议配招**

【龙王灭碎阵】+【龙之意志】+【龙爪闪空破】+【龙王波】or【音速撞击】

**外战建议配招**

【龙之意志】+【龙王灭碎阵】+【音速撞击】+【回避】

# 学习力培养建议

**建议1：刷满攻击和体力**

对应性格：固执、开朗

**建议2：刷攻击和体力各252，防御/特防/速度刷6**

对应性格：固执

**建议3：刷特攻150，速度100，其余刷双防**

对应性格：固执、开朗、慎重

**建议4：刷满攻击和速度**

对应性格：固执、开朗

关于龙系内战的争议由来已久，各类意见繁多，由于龙系是互克的，所以很多细微的差异都可能导致战局的巨变。

速度是非常重要的一个条件，在同系内战中，往往速度高者得天下，但同时也还要参考招数的性能以及当时的配置等等。

如果哈莫雷特的对手是塔克林，那么需要注意的是对手的先制招数"神龙摆尾"，这一龙系物理攻击威力高达90，在内战中极具威胁。况且，塔克林还有恐怖的"龙性图腾"，先手恢复自身全部体力，无副作用……哈莫雷特想要战胜它，难上加难。

此外，乌鲁卡和塞维尔的极限速度也都快于哈莫雷特，如果发生内战，哈莫雷特只有依靠较为充沛的体力，伺机强化，而后再以"龙王灭碎阵"猛攻。

塔西亚速度慢于哈莫雷特，相遇的话，直接"龙王灭碎阵"连续攻击即可。

哈莫雷特 9.5分
塔克林 9.8分
塞维尔 9.4分

# 王者素质4：外战分析

　　外战中，哈莫雷特的通用招数组合是"龙之意志"一次后，"龙王灭碎阵"伺候，当血量较低时，就要用"音速撞击"这招先手。

　　龙系对水、草、火、电系精灵是微弱伤害，所以遇到它们，哈莫雷特就会比较吃力。可以先使用"龙之意志"提升哈莫雷特的属性，再进行攻击。

　　一般"龙之意志"使用一次后，哈莫雷特的速度会快过鲁斯王等水系精灵，接着"龙王灭碎阵"2次，对手即可被击败！

　　面对魔焰猩猩这样的速攻精灵，哈莫雷特即便使用"龙之意志"配合"龙王灭碎阵"也不一定能确保胜利，毕竟缺乏弱化对手的招数！

　　哈莫雷特对战丽莎布布，基本也会输。丽莎布布的"金光绿叶"有补血功能，而且哈莫雷特的强化会被"叶绿光束"消掉，遇上雷伊，哈莫雷特也讨不了多少便宜，除非对方个体低，或没经过特训。

　　除此之外，有小赛尔用哈莫雷特来灭团，这是有一些运气的因素在里面的。首先"龙之意志"多次，要看哈莫雷特的体力能不能撑过去，成功的话即可大开杀戒！

**哈莫雷特 9.7分**　　**塔克林 9.6分**　　**塞维尔 9.5分**

# 王者点评

　　哈莫雷特的双防很高，速度中等，体力在龙系中数一数二。技能方面，"龙之意志"是一个十分难得的招数，相似的只有厄尔塞拉的"光芒附体"等。

　　哈莫雷特是打谱尼的全能精灵，很多小赛尔靠它得到了谱尼。所以，在外战方面，哈莫雷特的价值远远大于其他龙系精灵，而在内战中则受到一些限制，综合素质算得上是龙系中首屈一指的一个！

# 塔克林

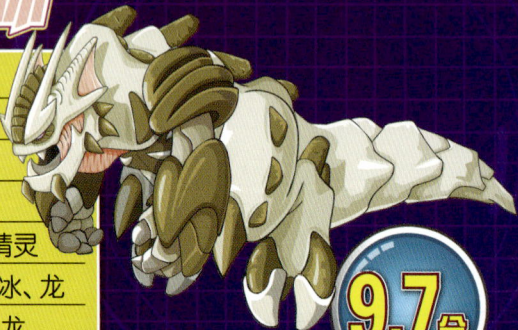

精灵序号: 274
精灵属性: 龙系
进化阶段: 高级
精灵性别: 雄性
类　　型: BOSS精灵
属性相克: 圣灵、冰、龙
被　　克: 战斗、龙

**9.7分**

## 推荐性格: 固执

 31级

## 获得方法

　　塔克林出现的地点是哈莫星龙王圣殿, 随时恭候小赛尔的挑战。玩家也可以通过SPT任务导航, 直接前往进行挑战。胜利后可以得到精元。

　　挑战攻略大家可以参看《赛尔号精灵对战必胜指南BOSS必杀篇》。

# 王者素质1：总体概况

从数据上看，塔克林不仅仅攻击高，防御也不错，速度则是它最大的缺点。招数方面拥有威力90的先手，对低防的精灵而言，强化一次就可以先手灭队了。其他亮点技能还有很多，特别是"龙性图腾"，给力的补血招，而且不会疲惫，"龙之威仪"也很不错，可以弥补速度方面的不足。

推荐刷满塔克林的攻击和体力，这样配合该精灵的高体力，再加上"龙之威仪"和"龙性图腾"，最后施以先手，一般的精灵都能战胜。

塔克林适合龙系内战，参加巅峰之战，在普通的精灵之王争霸赛中出镜率不高。

**哈莫雷特 9.7分**　**塔克林 9.8分**　**塞维尔 9.6分**

# 王者素质2：技能分析

"恐怖姿态"命中后100%令对方害怕，很好的控场技能。

"狂暴"可以提升自身攻击2个等级，但自身防御会下降1个等级，攻击辅助时很有必要。

"大地之护"可以提升自身特防2个等级，用于对付特攻型对手。

"神龙摆尾"是物理攻击，威力90，优秀而强大的先手招。

"龙王波"威力100，因为有必中的效果，值得信赖。

"龙性图腾"可回复自身最大体力，没有副作用，很强大。

"龙之威仪"可以减弱对方的攻击、防御、特攻、特防和速度各1个等级，弱化技能对于没有消除特效技能的对手来说是场灾难。

"咆哮震九天"可以降低对方防御2个等级，配合塔克林的高攻更显威力。

"猛龙陷地步"10%几率令对方疲惫，一回合无法攻击，并且还具有135的威力。

"潜龙伏地啸"是龙系物理攻击，10%降低对方攻击2级，威力150，最终必杀技。

**哈莫雷特 9.8分**　**塔克林 9.5分**　**塞维尔 9.6分**

# 技 能 表

| 技能名 | 攻击类型 | 技能属性 | 威力 | 次数 | 等级 | 使用效果 |
|---|---|---|---|---|---|---|
| 龙　爪 | 物理攻击 | 龙 | 45 | 40 | 1 | – |
| 恐怖姿态 | 属性攻击 | 普通 | – | 15 | 5 | 100%使目标害怕 |
| 地 之 痕 | 物理攻击 | 地面 | 60 | 20 | 9 | 20%的几率使自己的防御提升1个等级 |
| 龙　吼 | 特殊攻击 | 龙 | 50 | 40 | 13 | – |
| 狂　暴 | 属性攻击 | 普通 | – | 30 | 17 | 使自己的攻击提升2个等级,防御降低1个等级 |
| 锋利之牙 | 物理攻击 | 普通 | 70 | 30 | 21 | 容易造成致命一击 |
| 元素喷吐 | 特殊攻击 | 龙 | 80 | 20 | 25 | 附加75点固定伤害 |
| 大地之护 | 属性攻击 | 普通 | – | 20 | 29 | 使自己的特防提升2个等级 |
| 神龙摆尾 | 物理攻击 | 龙 | 90 | 15 | 33 | 先制攻击 |
| 龙王波 | 特殊攻击 | 龙 | 100 | 15 | 37 | 必定命中目标 |
| 龙性图腾 | 属性攻击 | 普通 | – | 1 | 41 | 优先攻击,使自己的体力全部恢复 |
| 灰飞烟灭 | 物理攻击 | 普通 | 120 | 10 | 45 | 使目标的体力上限降低25点 |
| 龙之威仪 | 属性攻击 | 普通 | – | 10 | 49 | 使目标的全部能力降低1个等级 |
| 猛龙陷地步 | 特殊攻击 | 龙 | 135 | 5 | 53 | 10%的几率使目标疲惫 |
| 咆哮震九天 | 属性攻击 | 普通 | – | 5 | 57 | 使目标的防御降低2个等级 |
| 潜龙伏地啸 | 物理攻击 | 龙 | 150 | 5 | 61 | 10%的几率降低目标攻击2个等级 |

# 常用配招

| 内战建议配招 | 【潜龙伏地啸】+【神龙摆尾】+【龙性图腾】+【龙之威仪】or【恐怖姿态】or【咆哮震九天】 |
|---|---|
| 外战建议配招 | 【潜龙伏地啸】+【神龙摆尾】+【龙性图腾】+【龙之威仪】 |

# 学习力培养建议

**建议1：刷满攻击和体力**

对应性格：固执

**建议2：刷满攻击和速度**

对应性格：固执、开朗

**建议3：刷满攻击，剩下的刷双防**

对应性格：固执

# 王者素质3：内战分析

　　由于龙系之间的对战是互克的，所以遇到了同类内战，千万不要手软，直接先手"神龙摆尾"猛攻即可。

　　对战哈莫雷特、乌鲁卡、塞维尔时，因为它们速度更快，所以"神龙摆尾"便成了最佳选择，这个威力高达90的先制招数，几乎可以帮助塔克林称雄内战。因为塔克林的防御值较高，体力相对充沛，对手难以一击必杀将其秒杀，这样就留给塔克林第二次先手攻击的机会，在这一回合里基本没有哪只龙系精灵可以支撑下来。

　　记住，速战速决是塔克林应对内战必须遵守的铁律，如果没有迅速将对手击败，那么很可能会被对方找到机会加以反击。一旦陷入僵持，塔克林可以依靠"龙性图腾"恢复体力，继续以"神龙摆尾"进攻，同时提防对手强化，适时采用"龙之威仪"扳平战局。

**哈莫雷特 9.5分**

**塔克林 9.8分**

**塞维尔 9.4分**

外战遇到大部分精灵可以先用"龙之威仪"，这样对方速度基本就慢于塔克林了。如果遇到高速的雷伊和魔焰猩猩之类，可以再来一次"龙之威仪"，然后"龙性图腾"补满体力，对方不仅速度降低，攻击也被降到一定程度，已无法造成威胁。接下来，塔克林就可"潜龙伏地啸"加"神龙摆尾"猛攻了。

遇到冰系精灵，直接大招"潜龙伏地啸"击杀。遇到谱尼这种强力的精灵，因为龙系是克制圣灵系的，所以也不用犹豫，直接"神龙摆尾"，要防止谱尼用"灵魂干涉"或"虚无"。

龙系虽然对水、火、草系伤害微弱，但依然可以"龙之威仪"若干次，然后"龙性图腾"恢复，以"潜龙伏地啸"结束。

遇到战斗系的精灵，只要对方不能在一招间秒杀塔克林，高攻塔克林则可一招秒掉对方（最好配合攻击刻印）。

用塔克林打巅峰之战也是不错的选择，如果个体极高的塔克林加攻击性格，一招"神龙摆尾"有可能秒掉减防御性格的谱尼或低个体谱尼。

假如对方克制你，还可以"龙之威仪"+"龙性图腾"+"龙之威仪"，为下一只精灵出场做好准备。

**哈莫雷特 9.7分**　　**塔克林 9.6分**　　**塞维尔 9.5分**

## 王者点评

塔克林是龙系的内战之王，这主要得益于其优秀的先手招数"神龙摆尾"。不过塔克林的缺点也很明显，缺乏很好的强化招数和控场招数，容易被速度高且一个先手秒不掉的精灵（如罗德里斯、该隐等）所控制，在其强化后即可灭杀塔克林。此外，还有高攻盖亚和打出"雷神天明闪"最强特效的雷伊，这些对手都只能依靠临场应变来处理。

# 塞维尔

| | |
|---|---|
| 精灵序号： | 413 |
| 精灵属性： | 龙系 |
| 进化阶段： | 高级 |
| 精灵性别： | 雌性 |
| 类　　型： | BOSS精灵 |
| 属性相克： | 圣灵、冰、龙 |
| 被　　克： | 战斗、龙 |

**9.6分**

## 推荐性格：固执、开朗

**32级**

## 获得方法

　　进入哈莫星的龙王神殿，必须在组队的情况下才能挑战塞维尔。

　　在这里，小赛尔面对的将是由塔克林、塔西亚和塞维尔组成的"恶龙战队"。

　　战胜后可以取得塞维尔的精元。

　　战胜方法，请大家参看《赛尔号精灵对战必胜指南BOSS必杀篇》。

# 王者素质1：总体概况

塞维尔作为龙族的代表精灵，其外形令人印象深刻：不逊于哈莫雷特的威武，暗紫色的鳞甲更增添了几分神秘的色彩。

塞维尔的技能其实很不错，速度很快，攻击力出色，血也高，双防较好，综合素质是龙族中比较出众的。在精灵王之战中，由于基本上是丽莎布布、魔焰猩猩、鲁斯王、雷伊的狂欢，龙系受制于属性的限制，表现相对沉寂。

**哈莫雷特 9.7分**　**塔克林 9.8分**　**塞维尔 9.6分**

# 王者素质2：技能分析

"锋利"可以提升自身攻击1个等级，组队时可以向己方任意目标使用。

"龙之毒"命中后50%令对方中毒，对付某些BOSS和防御力超高的对手可以考虑使用。

"龙女之声"可以减低对方攻击和特攻1个等级，很实用的弱化技能。

"神龙护盾"可以提升自身攻击2个等级，命中1个等级，标准辅助强化招数，必备。

"紫光龙鳞镜"威力130，令对方所有能力增强效果消失，消强化的同时具有相当强劲的攻击力，可惜是特攻。

"不灭意志"使自身在接下来的2回合中每次直接攻击必定致命一击，这一招数令塞维尔具备了令人瞩目的杀伤性，配合"龙腾裂天震"势不可挡。

"龙腾裂天震"是物理攻击，威力150，命中后10%令对方害怕，作为塞维尔的最终必杀技，除威力十分令人满意外，附加效果也很令人期待。

**哈莫雷特 9.8分**　**塔克林 9.5分**　**塞维尔 9.4分**

# 技能表

| 技能名 | 攻击类型 | 技能属性 | 威力 | 次数 | 等级 | 使用效果 |
|---|---|---|---|---|---|---|
| 龙　爪 | 物理攻击 | 龙 | 45 | 40 | 1 | |
| 锋　利 | 属性攻击 | 普通 | – | 40 | 5 | 使自己攻击提升1个等级 |
| 龙　吼 | 特殊攻击 | 龙 | 50 | 40 | 9 | – |
| 锁　敌 | 属性攻击 | 普通 | – | 30 | 13 | 使自己命中提升1个等级 |
| 重　踏 | 物理攻击 | 普通 | 60 | 35 | 17 | 先手 |
| 龙鳞光 | 特殊攻击 | 龙 | 70 | 30 | 21 | 20%几率命中提升1个等级 |
| 龙之毒 | 属性攻击 | 普通 | – | 10 | 25 | 50%几率令对手中毒 |
| 疯狂连爪 | 物理攻击 | 普通 | 35 | 30 | 29 | 连续攻击目标2~3次 |
| 女王之怒 | 特殊攻击 | 龙 | 70 | 30 | 33 | 先手 |
| 龙女之声 | 属性攻击 | 普通 | – | 15 | 37 | 令对手攻击和特攻降低1个等级 |
| 女王之鞭 | 物理攻击 | 龙 | 75 | 25 | 41 | 先出手的话威力为2倍 |
| 紫气剧毒 | 特殊攻击 | 龙 | 85 | 20 | 45 | 15%几率令对手中毒 |
| 神龙护盾 | 属性攻击 | 普通 | – | 15 | 49 | 使自己攻击提升2个等级,命中提升1个等级 |
| 龙翔天驱 | 物理攻击 | 飞行 | 95 | 30 | 53 | 10%令对方疲惫,1回合无法攻击 |
| 紫光龙鳞镜 | 特殊攻击 | 龙 | 130 | 5 | 57 | 消除对方强化效果 |
| 不灭意志 | 属性攻击 | 普通 | – | 10 | 61 | 使自身在接下来的2回合中每次直接攻击必定致命一击 |
| 龙腾裂天震 | 物理攻击 | 龙 | 150 | 5 | 65 | 10%几率令对手害怕 |

## 常用配招

| 内战建议配招 | 【龙腾裂天震】+【不灭意志】+【神龙护盾】+【紫光龙鳞镜】or【龙之毒】 |
|---|---|
| 外战建议配招 | 【龙腾裂天震】+【不灭意志】+【神龙护盾】+【紫光龙鳞镜】or【龙之毒】 |

## 学习力培养建议

**建议：刷满攻击和速度**

对应性格：固执、开朗

# 王者素质3：内战分析

在龙系内战中，塞维尔的战术和哈莫雷特比较相似。

如果遇到的对手是塔克林，由于塞维尔的极限速度更快一些，所以完全可以用"龙腾裂天震"猛攻，先出手威力2倍的"女王之鞭"也是不错的选择。需要注意塔克林的先制招数"神龙摆尾"，这一龙系物理攻击威力高达90，建议塞维尔依靠速度优势利用"龙女之声"弱化对手，以减轻威胁。这样，在接下来的战斗中就可占据主动。

对付哈莫雷特的话，塞维尔依旧可以抢攻，如遇其"龙之意志"强化，不妨"紫光龙鳞镜"连消带打，然后连续以"龙腾裂天震"攻击，解决对手。

塔西亚在塞维尔面前，基本无法构成威胁，很快便会被"龙腾裂天震"的连续攻击打败。

乌鲁卡的速度较快，塞维尔的先手招数"重踏"便可大派用场，在"不灭意志"或"神龙护盾"的辅助下，塞维尔取胜的几率还是很高的。

哈莫雷特 **9.5分**

塔克林 **9.8分**

塞维尔 **9.4分**

# 王者素质4：外战分析

塞维尔的先手普通系物理攻击威力为60，打水、火、草三大主系精灵的时候，攻击力明显没有塔克林的"神龙摆尾"高。不过，幸好还有可令对方双攻-1的弱化招数"龙女之声"，配合使用的话，尚可一战。

塞维尔中规中矩的攻击强化"神龙护盾"与致命强化"不灭意志"，可以帮助塞维尔打败大部分外战对手，但是对付三大主系精灵时，需要攻击强化两次后才能将其击败。当然，消强化的特攻大招"紫光龙鳞镜"要善加利用，毕竟130的威力在消强化招数中首屈一指，这样的力量不好好利用就太可惜了。

另一个值得称道的是塞维尔的飞行系招数"龙翔天驱"，在对高防的提姆提姆和丽莎布布等精灵时比较有效。

外战中，塞维尔最大的遗憾是没有速度强化，其速度种族不够突出，往往会因此处于被动。

**哈莫雷特 9.7分**　　**塔克林 9.6分**　　**塞维尔 9.5分**

## 王者点评

在龙族的内战中，由于速度为王，所以塞维尔还是拥有一席之地。但若论实用性的话，塞维尔实在比不上哈莫雷特，毕竟所有打赢谱尼的小赛尔，没人敢说他不是用哈莫雷特打的，仅就这一点来说，哈莫雷特的龙族之王地位暂时无人有资格撼动。

外战领域的塞维尔也没有十分突出的表现。

还有一点不能不提，给塞维尔练级的时候，当你每次都要忍耐它那长达15秒的技能时，实在有点抓狂啊。

# 阿克希亚

精灵序号: 050

精灵属性: 冰系

进化阶段: 高级

精灵性别: 雌性

类　　型: BOSS精灵

属性相克: 地、飞行、草

被　　克: 机械、火、龙、战
　　　　　斗、圣灵

**9.4分**

## 推荐性格: 保守、胆小

18级 → 38级 →

## 获得方法

　　到塞西利亚星冰原的左上角, 点击SPT BOSS阿克希亚进入挑战, 战胜BOSS后就可以获得阿克希亚的精元。回基地用分子转化器孵化得到索拉。

# 王者素质1：总体概况

阿克希亚是靠特攻吃饭的精灵，资质不算特别超群，但是特攻技能的配置还是相当不错的，特攻值非常高，但是两防和体力就让人比较不放心。物攻较高看似没用，其实却也不是全没用。而在强化系技能上，阿克希亚也是中规中矩。

阿克希亚曾经是冰系精灵中最热门精灵之一，因为它拥有的绝招——"极度冰点"上。然而，这招看起来能够秒杀一切的技能，其实有很大的运气成分，在实战中成功的机率实在屈指可数，倒是经常秒杀不成反遭到重创。因此，或许活用好"极冰风暴"、"冰天雪地"等强力特攻技能，以及配合加刻印的"圣灵闪"，才是阿克希亚的出路所在。

**阿克希亚 9.4分　古雷亚 9.7分　柯蓝 9.5分**

# 王者素质2：技能分析

"寒冰冻气"是早期唯一能够带有冻伤效果的技能，在35级出"玄冰箭"之前，会作为练级的主力技能。

使用了"寒冰护体"，下一次受到攻击时能够为阿克希亚抵挡掉50点的伤害。虽然数值不高，但对于它来说，有时却是可以救命的。

"冰封"可以同时降低对手的物防和特防，虽然对于特攻型的阿克希亚来讲降物防效果有限，不过在战BOSS时还是可以给其他物攻强人们留下机会。

相比之下，威力150的极冰风暴则是实质上的大招，在对强敌时发挥最强的冰系火力。

"圣灵闪"作为物攻，看似不能发挥很大的威力，如果配合圣灵闪刻印，加上先制的效果，实用性会大幅度上升。这可是威力100的先制攻击哦！

而最后的大招"极度冰点"，虽有着一击必杀的效果，但是命中率低、只有1的PP，以及强力BOSS都对其免疫，宣告了这一招基本只能用来碰运气。喜欢靠实力取胜的小赛尔，舍弃这招是好的选择吧。

**阿克希亚 9.7分　古雷亚 9.6分　柯蓝 9.5分**

# 技 能 表

| 技能名 | 攻击类型 | 技能属性 | 威力 | 次数 | 等级 | 使用效果 |
|---|---|---|---|---|---|---|
| 冰 之 刃 | 物理攻击 | 冰 | 40 | 40 | 1 | – |
| 甩 尾 | 物理攻击 | 普通 | 45 | 40 | 5 | |
| 霜 甲 | 属性攻击 | 普通 | – | 40 | 9 | 使自己特防提升1个等级 |
| 冰 甲 | 属性攻击 | 普通 | – | 40 | 13 | 使自己的防御提升1个等级 |
| 冷冻光线 | 特殊攻击 | 冰 | 45 | 35 | 17 | |
| 寒冰冻气 | 特殊攻击 | 冰 | 55 | 30 | 20 | 10%的几率使目标冻伤 |
| 破 冰 尾 | 物理攻击 | 普通 | 60 | 30 | 25 | 15%的几率降低目标防御1个等级 |
| 寒 流 | 属性攻击 | 普通 | – | 30 | 30 | 使目标速度降低2个等级 |
| 玄 冰 箭 | 特殊攻击 | 冰 | 70 | 25 | 35 | – |
| 碎 冰 | 物理攻击 | 冰 | 80 | 20 | 40 | |
| 寒冰护体 | 属性攻击 | 普通 | – | 20 | 43 | 抵挡50点伤害 |
| 凝冻冰雹 | 特殊攻击 | 冰 | 80 | 20 | 47 | |
| 冰 封 | 属性攻击 | 普通 | – | 20 | 50 | 使目标防御和特防降低1个等级 |
| 冰天雪地 | 特殊攻击 | 冰 | 100 | 10 | 55 | 10%的几率使目标冻伤 |
| 圣 灵 闪 | 物理攻击 | 普通 | 100 | 10 | 60 | – |
| 极冰风暴 | 特殊攻击 | 冰 | 150 | 5 | 67 | 10%的几率使目标冻伤 |
| 极度冰点 | 特殊攻击 | 冰 | 0 | 1 | 75 | 命中后100%秒杀对方 |

# 常用配招

| 内战建议配招 | 【极冰风暴】+【冰天雪地】<br>+【圣灵闪】+【极度冰点】 |
| --- | --- |
| 外战建议配招 | 【极冰风暴】+【冰天雪地】<br>+【冰封】or【极度冰点】<br>+【圣灵闪】 |

# 学习力培养建议

**建议1：刷满特攻和速度**

对应性格：保守、胆小

**建议2：刷满特攻和体力**

对应性格：保守、稳重

**建议3：刷满特攻，速度刷150，其余刷体力**

对应性格：稳重、胆小

# 王者素质3：内战分析

　　"寒流"来补足，而同时降低两防的"冰封"也是一招利器，用作控场可以给对手不少压力。

　　而实际硬碰硬的话，高等级战斗中最有效的技能自然还是大招"极冰风暴"，即使打不出冻伤效果，也能凭借高特攻给对方较大伤害。当然因为冰系对本系的攻击要减半，所以掉血往往也不会掉得那么爽快。而在2~3发"极冰风暴"之后，对手肯定所剩HP不多，而这时就是"圣灵闪"发威的时候了——当然，首先需要"圣灵闪"刻印带来的先攻效果。在冰系的主要对手中，阿克希亚比较头痛的对手还是天生资质过人的古雷亚，而与物攻流的柯蓝对阵时，更多则是比谁先秒掉谁。至于"极度冰点"，在内战中就只能作为一个比较冒险的选择了。

阿克希亚 **9.5分**

古雷亚 **9.8分**

柯蓝 **9.5分**

# 王者素质4：外战分析

冰系在属性相克关系上面没有什么优势，也就是遇上丽莎布布、卡鲁克斯等草系、地面系、飞行系的强者时还能占些便宜。由于被克制的属性较多，在实战中也难免处处地雷，即使撇开比较高端的圣灵系谱尼，对水、火两大系的劣势也使它显得不那么让人放心，尤其资质本身就不给力的阿克希亚，碰上魔焰猩猩、盖亚这些强者，基本就没得打了。

技能方面，阿克希亚的优势还是在于特攻，"极冰风暴"、"冰天雪地"自然是最大的主力。而普通属性的"圣灵闪"，作为高威力的先攻技能，在许多场合其实还是能发挥奇效的——当然，在对付属性被克制的对手时，对于阿克希亚来说，上来抢先攻击就被秒的可能性也不小……

而另一招充满魅力的技能是"极度冰点"，传说中30%的命中虽然不太靠谱，但现在有了SPT刻印，加上10%的命中率后，这招一劳永逸的秒杀技能就显得很诱人。虽然许多BOSS对这招免疫，但在PK战中是不用有此顾虑的。当然，即使加了10%的命中，这还是一个靠运气的招式，因此除非属性被克得死死没办法硬拼，否则最好不要纯粹指望这招。

**阿克希亚 9.4分**　**古雷亚 9.6分**　**柯蓝 9.3分**

## 王者点评

从资质上讲，阿克希亚并不是一个人特别厉害的特攻强手，不过除了强力的特攻技能以外，依靠刻印而获得强力特效的圣灵闪，如今也成了它的一利器。当然，阿克希亚身上最大的魅力，恐怕还是体现在它的秒杀绝招"极度冰点"身上，只不过这个曾经被看作秒杀BOSS热门的运气招，具体要不要依靠它还需要小赛尔自己来选择。

# 古雷亚

精灵序号：324
精灵属性：冰系
进化阶段：高级
精灵性别：雌性
类　　型：融合精灵
属性相克：地、飞行、草
被　　克：机械、火、龙、战
　　　　　斗、圣灵

**9.7分**

## 推荐性格：稳重、保守、胆小

21级　　　41级

## 获得方法

1. 用克洛亚与林奇进行融合。克洛亚是卡卡的高级进化形态。林奇需要通过打败暗黑第四门的克林卡修，获得精元孵化后得到。

2. 融合成功后，带上元神珠到塞西利亚星吸收精华；之后回到基地，让自己的NoNo或超能NoNo对元神珠进行元神赋形，获得卡克。

## 王者素质1：总体概况

在冰系的几大强者中，古雷亚无疑是资质方面最让人放心的一个。作为核心的特攻虽然不算超一流，但111的攻击力其实也已经不低。而速度和体力也都能爬上100，连不太用得上的攻击也不低。而两防不高本身就是冰系的通病，加上自身属性被克较多，也让它们的防御力都比较成问题。技能方面，无论特攻还是强化、控场类，古雷亚的技能都相当丰富，这也让它有更多用武之地。而关于这只精灵，最大的一个问题其实是——由于融合需要暗黑之门得到的林奇，使得小赛尔必须牺牲暗黑精灵，才能得到唯一一只古雷亚。

| 阿克希亚 9.4分 | 古雷亚 9.7分 | 柯蓝 9.5分 |
|---|---|---|

## 王者素质2：技能分析

"冰凌之光"不仅是自身擅长的特攻，更拥有必定消除强化的效果，作为消强技能性能一流。

"急速冷冻"是威力70的先攻技能，而且是擅长的特攻。

"寒冰碎裂"是使用后2回合攻击致命，如果之前再加个"腾空"猛提命中，那么威慑力就非同小可了。

"霜冻能量"能100%提升自身攻击、特攻、速度1个等级，是很好用的强化技能。

75级的"霜雪聚光炮"自然是最后的冰系特攻大招，威力150、10%令对方冻伤，配合古雷亚的高特攻能够发挥冰系顶级的威力。

"寒冰凝球"乍看拥有威力4倍，也就是高达160这样充满魅力的特效，不过只能在自身体力低于1/5时才能发动，对于本来就低防御的冰系来说，与其说是玩命，不如说连玩命的机会都找不到，基本就不用指望多少了。

| 阿克希亚 9.7分 | 古雷亚 9.6分 | 柯蓝 9.5分 |
|---|---|---|

# 技 能 表

| 技能名 | 攻击类型 | 属性 | 威力 | 次数 | 等级 | 使用效果 |
|---|---|---|---|---|---|---|
| 痛 击 | 物理攻击 | 普通 | 40 | 40 | 1 | 容易造成致命一击 |
| 冰 甲 | 属性攻击 | 普通 | – | 40 | 5 | 使自己的防御提升个等级 |
| 冷 气 泡 | 特殊攻击 | 冰 | 30 | 40 | 9 | 10%的几率使目标冻伤 |
| 冰 霜 | 属性攻击 | 普通 | – | 40 | 14 | 使目标的防御降低1个等级 |
| 裂 冰 刺 | 物理攻击 | 冰 | 60 | 30 | 19 | 10%的几率使目标冻伤 |
| 流 冰 | 特殊攻击 | 冰 | 55 | 35 | 23 | 容易造成致命一击 |
| 飞 雪 | 属性攻击 | 普通 | – | 25 | 27 | 使目标的速度降低2个等级 |
| 一 闪 | 物理攻击 | 普通 | 60 | 20 | 31 | 先制攻击 |
| 冰凌之光 | 特殊攻击 | 冰 | 60 | 30 | 35 | 驱散目标的能力提升效果 |
| 腾 空 | 属性攻击 | 普通 | – | 25 | 39 | 使自己的命中提升2个等级 |
| 裂 空 刃 | 物理攻击 | 普通 | 75 | 25 | 42 | 若目标的体力低于1/2,则威力提升至2倍 |
| 凝结之气 | 特殊攻击 | 冰 | 80 | 20 | 45 | 10%的几率使目标冻伤 |
| 冰镜反射 | 属性攻击 | 普通 | – | 20 | 48 | 2~3回合,每回合反弹目标1/3的伤害 |
| 寒冰连击 | 物理攻击 | 冰 | 50 | 15 | 51 | 连续攻击目标2-3次 |
| 寒冰凝球 | 特殊攻击 | 冰 | 50 | 40 | 54 | 若自己的体力低于1/5,则威力提升至4倍 |
| 冻 结 | 属性攻击 | 普通 | – | 20 | 57 | 一定几率使目标冻伤 |
| 月光震击 | 物理攻击 | 冰 | 120 | 10 | 60 | 容易造成致命一击 |
| 急速冷冻 | 特殊攻击 | 冰 | 70 | 20 | 63 | 先制,10%的几率使目标冻伤 |
| 寒冰碎裂 | 属性攻击 | 普通 | – | 15 | 66 | 必定致命一击,持续2回合 |
| 冰霜极突 | 物理攻击 | 冰 | 140 | 5 | 69 | 10%的几率使目标冻伤 |
| 霜冻能量 | 属性攻击 | 普通 | – | 10 | 72 | 使自己的攻击与特攻以及速度提升个等级 |
| 霜雪聚光炮 | 特殊攻击 | 冰 | 150 | 5 | 76 | 10%的几率使目标冻伤 |

## 常用配招

| | |
|---|---|
| **内战建议配招** | 【急速冷冻】+【霜雪聚光炮】+【冰凌之光】+【霜冻能量】or【寒冰碎裂】 |
| **外战建议配招** | 【急速冷冻】+【霜雪聚光炮】+【冰凌之光】+【霜冻能量】or【寒冰碎裂】 |

## 学习力培养建议

**建议1：刷满特攻和速度**

对应性格：保守、胆小

**建议2：刷满特攻，速度刷250，其余随意**

对应性格：保守、胆小

**建议3：刷满特攻，速度刷150，其余刷攻击**

对应性格：冷静

# 王者素质3：内战分析

　　古雷亚在资质方面基本可以傲视其他冰系精灵。不过也有人说，古雷亚最大的弱点就是一条——它是冰系精灵，属性上的太多被克让本来优秀的资质与强悍的技能也都变得悲催。当然在冰系内战的舞台上，一旦去掉了属性克制方面的弱点，古雷亚自身的强大就能很好地表现出来。

　　在最擅长的特攻方面，虽然威力第二高的特攻只有80，不过在高等级下大家都有威力150的冰系大招，所以特攻资质领先的古雷亚的地位仍然不可动摇。一般与柯蓝、阿克希亚、阿克诺亚等冰系强者交手时，可以第一回合先加个"霜冻能量"，然后两回合连发"霜雪聚光炮"。除非运气差到被"极度冰点"的即死效果直击，否则正常硬碰硬下来，古雷亚一般不会是吃亏的一方。接下来就是用好先攻的"急速冷冻"了。

**阿克希亚 9.5分**
**古雷亚 9.8分**
**柯蓝 9.5分**

# 王者素质4：外战分析

　　古雷亚最大的弱点，在于它的属性——冰系，冰系普遍被认为是赛尔号最悲剧的系之一，因为它不但被克制的系多，而且净是强力精灵辈出的大系。尤其是在魔焰猩猩、盖亚等横行的PK战场上，想让冰系的它能够痛快发威，难度相当大。如果撞上这些克星，还是赶紧更换精灵或者跑路为好。不过，遇上草系、地面系或是对自己攻击效果微弱的光系、暗影系，如厄尔塞拉、布莱克时，机会就来了。

　　团战中强化变得尤其重要，因此古雷亚一般也以"霜冻能量"起手。至于"寒冰碎裂"，由于效果只有两回合，最好能看准对手换上克自己的精灵时使用，以增加胜率。而它的另一个亮点则在于消强化技能——"冰凌之光"，虽然威力不高，但总算攻击、消强两不误，对于习惯强化的对手来说会是一个不小的打击。

　　也有一些小赛尔比较推荐"寒冰凝球"，毕竟这招有可能威力高达160，成为冰系第一高攻！当然，体力低于1/5这个条件也不是唬人玩的。能用上这招基本要满足两个条件，一是对方属性被自己克制（而且对方还有使用普通技能甚至其他系技能的可能性），二是对方速度也要慢于自己。在高水平对战中能够满足这两个条件，还能让你安安稳稳打出这一招来结束战斗的可能性，实在太小了点吧。

 阿克希亚 **9.4分**　 古雷亚 **9.6分**　柯蓝 **9.5分**

## 王者点评

　　如果不是冰系在属性相克关系上的吃亏，古雷亚在外战战场上的地位或许还会有不少的提高。现在虽然被不少人看作鸡肋，但如果想用冰系精灵，大多数人还是会想起它。除了特攻方面的强势，古雷亚在强化、消强化技能方面也有不错的表现，在团战中值得好好注意一下。而如果单说冰系内战，它就能够获得更加明显的优势了。这样看来，这只难得的精灵还是有着它独特价值的。

# 柯蓝

| | |
|---|---|
| **精灵序号:** | 094 |
| **精灵属性:** | 冰系 |
| **进化阶段:** | 高级 |
| **精灵性别:** | 雌性 |
| **类　　型:** | 稀有精灵 |
| **属性相克:** | 地、飞行、草 |
| **被　　克:** | 机械、火、龙、战斗、圣灵 |

**9.5分**

**推荐性格: 固执、开朗**

## 获得方法

　　到双子阿尔法星，点击地图右下角的四个小水池，悠悠会随机蹦出来，点击就可以进入对战，自由捕捉。捕捉后练到20级，即可在进化仓选择三种不同的进化形态——飞行系的蝠迪，电系的希拉，以及冰系的柯蓝。

# 王者素质1：总体概况

虽然如今再想争夺"冰王"这个称号有点力不从心，但是柯蓝仍旧是一只在小赛尔中间非常具有人气的精灵——毕竟它可是备受喜欢的"名侦探柯蓝"呢。柯蓝的资质与技能都完全偏向物攻，而且拥有诸多控场技能，与直接一招制敌的精灵相比，它是更擅长打消耗战取胜的智慧型精灵。

不过，在资质的数值方面，柯蓝并不是很有优势，最高的物攻不过刚过100，其他几项就更算不上高。在与古雷亚这种先天发育好的对手相抗衡时，就更必须动脑筋运用好各种强化技能，想靠一味的硬碰硬，可难免是要吃亏的哦。

| 阿克希亚 9.4分 | 古雷亚 9.7分 | 柯蓝 9.5分 |

# 王者素质2：技能分析

"冲锋"是柯蓝唯一的先手技能，但是毕竟威力低又是普通系，到后期基本就可以无视了。

"悠悠光线"是柯蓝的消强化技能，但由于是特攻也没多高威力，所以除了消对手强化之外没任何用处。

"冰晶寒甲"一度被誉为防御强化的神技，同时提升防御、特防2级的效果，即使放在今天也是相当不错的。配合柯蓝不让人放心的防御，更是救命招数。而在此之前提升2级特防的冰凌镜，自然也就只能光荣下岗了。

威力65的物攻技能柔软拳，效果是让对方在1回合内攻击伤害减半，配合"冰晶寒甲"，更是能大幅提升柯蓝的防御能力。

"寒冰之力"可以提升自身的攻击2个等级，对于攻击资质本来就不算太高的柯蓝来说算是雪中送炭了，无论是强化低威力的"柔软拳"，贯彻消耗战，还是提升作为大招本身威力不足的"极冰烈闪"，都是非常有用的。

最后的物攻大招"极冰烈闪"，威力只有120，这点就已经悲剧了。至于冻伤效果本来就不算太强，真的命中了的话就算个补偿吧。

| 阿克希亚 9.7分 | 古雷亚 9.6分 | 柯蓝 9.5分 |

# 技 能 表

| 技能名 | 攻击类型 | 技能属性 | 威力 | 次数 | 等级 | 使用效果 |
|---|---|---|---|---|---|---|
| 撞 击 | 物理攻击 | 普通 | 35 | 35 | 1 | – |
| 冲 锋 | 物理攻击 | 普通 | 50 | 30 | 6 | 优先出招 |
| 瞪 眼 | 属性攻击 | 普通 | – | 30 | 11 | 使目标防御降低1个等级 |
| 悠悠光线 | 特殊攻击 | 普通 | 55 | 30 | 16 | 清除目标能力提升的效果 |
| 冷冻光线 | 特殊攻击 | 冰 | 45 | 35 | 24 | – |
| 冻结之风 | 特殊攻击 | 冰 | 60 | 25 | 28 | 15%的几率降低目标速度1个等级 |
| 冰凌镜 | 属性攻击 | 普通 | – | 20 | 32 | 使自己特防提升2个等级 |
| 冻气拳 | 物理攻击 | 冰 | 65 | 40 | 37 | – |
| 冰之球 | 特殊攻击 | 冰 | 70 | 30 | 40 | – |
| 冰晶寒甲 | 属性攻击 | 普通 | – | 15 | 44 | 使自己防御和特防提升2个等级 |
| 柔软拳 | 物理攻击 | 普通 | 65 | 25 | 48 | 使目标下回合攻击伤害是正常状态下的一半 |
| 暴风雪 | 特殊攻击 | 冰 | 90 | 20 | 51 | 10%的几率使目标冻伤 |
| 寒冰之力 | 属性攻击 | 普通 | – | 20 | 55 | 使自己攻击提升2个等级 |
| 天寒地冻 | 特殊攻击 | 冰 | 100 | 15 | 60 | 10%的几率使目标冻伤 |
| 极冰烈闪 | 物理攻击 | 冰 | 120 | 10 | 67 | 10%的几率使目标冻伤 |

# 常用配招

| 内战建议配招 | 【极冰烈闪】+【寒冰之力】<br>+【柔软拳】+【冰晶寒甲】 |
|---|---|
| 外战建议配招 | 【极冰烈闪】+【寒冰之力】<br>+【柔软拳】+【冰晶寒甲】 |

# 学习力培养建议

| 建议1：刷满攻击和速度 |
|---|
| 对应性格：固执、开朗 |

| 建议2：刷满攻击，速度刷200，其余刷体力 |
|---|
| 对应性格：固执、开朗 |

| 建议3：刷满攻击，速度刷150，其余刷特攻 |
|---|
| 对应性格：急躁、天真 |

# 王者素质3：内战分析

　　以今天的标准来看，柯蓝的资质实在不算多高，因此在冰系的内战中，也很难靠硬碰硬的战斗占到多少上风。一般靠大招对轰的话，本身攻击力不高、大招威力又偏低，加上血薄速度也不高，面对古雷亚这样的高资质新锐，柯蓝难免还是要吃亏的。

　　因此，比较聪明的打法自然还是贯彻防守战术。柯蓝同时拥有"冰晶寒甲"和"柔软拳"，前者可以大幅提升自己的防御力，后者则可以降低对手的攻击，综合起来就形成了它坚固的冰之铠甲。而对于攻击力方面的不足，则可以依靠"寒冰之力"的强化来弥补，配合防御技能，加上冰系内战之间伤害减半，刻意造成持久战，再靠"极冰烈闪"来攻击。

　　当然，这样的战术也会成为消强化技能的靶子，比如拥有消强化特攻技能的古雷亚之类，可不能因为强化被消便着急啊。柯蓝的防守战术毕竟还是需要细心和耐心的。

阿克希亚 **9.5分**

古雷亚 **9.8分**

柯蓝 **9.5分**

# 王者素质4：外战分析

　　柯蓝最大的看点——防御能力，在外战时往往又会遭受冰系属性被克制带来的考验，尤其是面对魔焰猩猩、盖亚之类的对手，被秒掉的几率真的不低，即使能战斗下去，基本也必须全程靠"柔软拳"来应对，而且一旦被消强化，就要马上再用"冰晶寒甲"加回来，总之场面一般都会非常被动，能换还是尽量换个精灵的好。

　　当然对手若是地面、飞行等系，还是可以像内战时那样靠升防御、减对手伤害，打消耗战安全地耗下去。特别是"极冰烈闪"附带冻伤效果，虽然几率不大，不过来来回回拖下来，还是有一定机会命中的，配消耗战会更好打。相比于PK战，柯蓝的这套防守战术对抗BOSS时可能会更加有效。

**阿克希亚 9.4分**　　**古雷亚 9.6分**　　**柯蓝 9.3分**

## 王者点评

　　作为曾经的冰系王者，柯蓝身上许多曾经出类拔萃的性能与技能，在如今融合精灵、变异精灵等强者辈出的时代，往往显得并不是那么强大。不过现在，"名侦探柯蓝"仍然被许许多多的小赛尔所喜爱，或者这一点比它实际强弱如何要更加重要吧。毕竟，冰系在外战中的评价始终都不是很高，而能够弥补属性上被众多流行强者克制的劣势，到底还是要靠小赛尔们的爱。

# 桑诺特

| | |
|---|---|
| 精灵序号: | 508 |
| 精灵属性: | 暗影系 |
| 进化阶段: | 高级 |
| 精灵性别: | 无 |
| 类　　型: | 收费精灵 |
| 属性相克: | 超能、暗影 |
| 被　　克: | 电、光、暗影 |

**9.7分**

## 推荐性格: 保守、胆小

20级 ➡ 38级 ➡

## 获得方法

桑诺特是在万圣节期间可以获得的任务精灵。

要获得桑诺特，小赛尔必须要有"位面分离枪"，而"位面分离枪"只有在商城中才能买到，需要90金豆！

购买"位面分离枪"后，小赛尔就可以到各个场景中把诺特拉回这个位面进行捕捉了！

此外，小赛尔还可以去瞭望露台的梦幻扭蛋机碰碰运气，有可能转到桑诺特的精元。

但是，目前桑诺特已经无法捕捉或通过扭蛋机获得了。

# 王者素质1：总体概况

桑诺特，暗影系王者，很有实力的一只精灵。

桑诺特特攻资质值非常高，速度很快，双防一般，体力一般，各项数值分配得很好。大招是以特攻为主，有加2级的特攻强化招，亮点技能繁多，堪称当前暗影系的最强精灵。很明显，桑诺特的学习力铁定要刷满特攻和速度，这样才可确保其速度上的优势。

**桑诺特 9.7分**　　**布莱克 9.7分**　　**索比拉特 9.5分**

# 王者素质2：技能分析

"快攻"是普通系物理攻击，先制招数，威力45，可惜不是本系技能，威力低不说，还是物攻，完全没有价值。

"暗影集中"可以提升自身特攻2个等级，是很普通的强化，标准配置。

"黑暗结界"是暗影系特攻，威力150，10%的几率伤害为2倍。附加效果出现的几率不高，但威力已经足够令人满意了。

"浮游结界"是普通系特攻，威力10，1回合做15~20次攻击。堪称桑诺特称王的关键技能，无论怎样都能保证最少150的威力，而且是擅长的特攻，作为威力极高的普通系技能不受属性的限制，让桑诺特对战各类对手都游刃有余。

"时间定格"在命中后80%令对方疲惫，1回合无法攻击，有效的牵制技能，为自己争取强化的机会。

"邪恶之视"在命中后50%令对方害怕，不错的控场技能，很有威慑力，为战术变化打下基础。

**桑诺特 9.8分**　　**布莱克 9.8分**　　**索比拉特 9.6分**

# 技 能 表

| 技能名 | 攻击类型 | 技能属性 | 威力 | 次数 | 等级 | 使用效果 |
|---|---|---|---|---|---|---|
| 快 攻 | 物理攻击 | 普通 | 45 | 40 | 1 | 先手 |
| 迷 惑 | 属性攻击 | 普通 | – | 25 | 5 | 令对手命中降低1个等级 |
| 黑 射 线 | 特殊攻击 | 暗影 | 45 | 40 | 9 | – |
| 心 灵 共 鸣 | 属性攻击 | 普通 | – | 20 | 13 | 4~5回合每回合反弹对手1/3的伤害 |
| 夜 袭 | 物理攻击 | 暗影 | 60 | 30 | 17 | 先出手时威力为2倍 |
| 魔 影 | 特殊攻击 | 暗影 | 65 | 20 | 21 | 对方体力少于一半时威力加倍 |
| 邪 恶 之 视 | 属性攻击 | 普通 | – | 20 | 25 | 50%几率令对手害怕 |
| 混 乱 之 击 | 特殊攻击 | 暗影 | 90 | 15 | 29 | 必中 |
| 绝 界 | 属性攻击 | 普通 | – | 15 | 33 | 1回合必定MISS |
| 黑 火 烧 | 特殊攻击 | 暗影 | 105 | 10 | 37 | 15%令对手烧伤 |
| 暗 影 集 中 | 属性攻击 | 普通 | – | 20 | 41 | 使自己特攻提升2个等级 |
| 破 空 刃 | 物理攻击 | 普通 | 0 | 10 | 45 | 附加150点固定伤害 |
| 浮 游 结 界 | 特殊攻击 | 普通 | 10 | 5 | 49 | 连续攻击目标15~20次 |
| 时 间 定 格 | 属性攻击 | 普通 | – | 10 | 53 | 80%令对手疲惫1回合 |
| 暗 影 投 掷 | 物理攻击 | 暗影 | 130 | 5 | 57 | 攻击3个目标 |
| 黑 暗 结 界 | 特殊攻击 | 暗影 | 150 | 5 | 61 | 10%几率2倍伤害 |

# 常用配招

| 内战建议配招 | 【黑暗结界】+【时间定格】<br>or【心灵共鸣】or【绝界】<br>+【暗影集中】+【浮游结界】 |
|---|---|
| 外战建议配招 | 【黑暗结界】+【时间定格】<br>+【暗影集中】+【浮游结界】<br>or【绝界】or【迷惑】 |

# 学习力培养建议

| 建议1：刷满特攻和速度 |
|---|
| 对应性格：保守、稳重、马虎、胆小 |

| 建议2：刷特攻252，速度252，体力6 |
|---|
| 对应性格：保守、稳重、马虎、胆小 |

151

# 王者素质3：内战分析

　　暗影系的内战，原本没有太多悬念，但是随着不断有暗影系的高手精灵涌现，局势也在不断发生变化。昔日的王者诸如尤纳斯、沙罗希瓦等都逐渐消失在小赛尔的记忆之中，原因其实很简单——由于暗影系属性互克的关系，所以内战中速度为王。也就是说，速度占有优势，那么王者之位便唾手可得。

　　目前，桑诺特的速度是暗影系所有精灵之中最快的，遇到同系对手，放大招"黑暗结界"即可，只要不出现MISS，一般就可轻松解决对手。

　　比较强劲的敌人包括布莱克和索比拉特，对付它们除了可以利用速度优势强攻外，需要小心布莱克的先手。当然，如果"黑暗结界"能一次打出2倍伤害的附加效果，那么一切皆不在话下，但如果采用保守打法的话，大家可先以"绝界"或"时间定格"消除隐患，然后再开始进攻。

　　对付尤纳斯等，桑诺特可以直接大招轰杀。

　　对付普拉顿等低特防的暗影系精灵时，则可以采用"浮游结界"秒杀！

桑诺特 **9.7分**

布莱克 **9.6分**

索比拉特 **9.5分**

# 王者素质4：外战分析

桑诺特的"浮游结界"可以瞬间秒杀低特防的精灵，甚至有机会秒杀谱尼和厄尔塞拉！配上必中的"混乱之击"，也有机会秒杀低防的雷伊。

遇上克制或者轻微克制的精灵，若对方速度没有桑诺特快，就可以使出绝招"时间定格"，命中了就"浮游结界"两招解决。没命中的话，属性克制你的对手可能一招秒杀你；轻微克制的往往一招无法解决你，桑诺特继续使用"时间定格"为自己创造机会，这种情况下，若对方又用先手，那么桑诺特失败基本就成定局。

遇上属性不克制自己且有先手的精灵，桑诺特需采用"时间定格"的疲惫战术；如对方无先手，桑诺特则可以直接展开攻击。

只要小赛尔能够妥善使用"时间定格"配合"暗影集中"与"浮游结界"，即便对手是青龙和玄武也有取胜的可能。

桑诺特的"快攻"威力太小，加上物攻属性和桑诺特本身攻击资质值偏低的特点，所以一次最多打40点左右伤害，在精灵外战中实在不值得信赖，你完全可以将桑诺特划入无先手技能的精灵行列。

多精灵对战中，桑诺特适合首发，或专门用来克制杰拉德。对付杰拉德的时候，可以先强化一次，然后"黑暗结界"击杀之。

**桑诺特 9.6分**　　**布莱克 9.8分**　　**索比拉特 9.4分**

## 王者点评

建议给桑诺特的"浮游结界"加个刻印（攻击次数+3），加上后就等于拥有威力180~230的绝招了。面对任何敌人，都可以用"浮游结界"来拼一下，即使没有先手，其胜率也相对较高。

拥有桑诺特的朋友不妨练上一只，在单精灵对战中它是不错的选择。

# 布莱克

| | |
|---|---|
| 精灵序号: | 875 |
| 精灵属性: | 暗影系 |
| 进化阶段: | 高级 |
| 精灵性别: | 雄性 |
| 类　　型: | BOSS精灵 |
| 属性相克: | 超能、暗影 |
| 被　　克: | 电、光、暗影 |

**推荐性格: 固执、开朗**

## 获得方法

来到格雷斯星的光明圣坛,可以见到布莱克。

在这里,必须与其进行一对一的挑战,胜利后即可获得布莱克的精元。

具体挑战获胜的方法,大家可以参看《赛尔号精灵对战必胜指南BOSS必杀篇》。

# 王者素质1：总体概况

布莱克的体力是很不错的，即使不刷体力也可以达到380+的程度。攻击优秀，处于中等偏上水平。防御值得信赖，但特防稍微低了一点。特攻可以无视，毕竟布莱克是物攻精灵嘛。速度略有缺陷，这使其失去了成为暗影第一强者的机会。

当然，布莱克最大的亮点还是其技能，其中既有控场技能，又有全面强化；既有威力不错的先手技能，又有消强同时命中率颇高的大招……其技能之丰富多彩，完全可以应对各种对手。

# 王者素质2：技能分析

"魔眼"命中后100%令对方害怕，控场技能，重点推荐。

"邪灵击"是暗影物攻，威力85，当攻击击败对方出战精灵时，回复最大HP的1/4血量。不仅是先手技能，还有附加回复的效果，真不错。

"夜魔之球"是暗影物攻，威力130，可令对方所有能力增强效果消失。消强技能，威力强劲。

"幽幽之盾"可完全抵挡次伤害，耗招技能，就是PP少了点。

"黑夜侵袭"是暗影物攻，威力130，若伤害为奇数，30%令对方疲惫1回合；若伤害为偶数，30%自身速度等级+1，效果不错，出现几率也比较高。

"深黑恐惧"100%令对方防御等级-2，特防等级-2，但是打多精灵时，无法控场，PP又少。

"斗志复燃"是暗影特攻，威力140，解除自身能力下降状态。缺点是特攻弱，而且在巅峰没人会带降能力的招数。

"暗夜守护"100%提升自身各项能力1个等级。类似于"龙之意志"，可惜PP较少。

"双重暗影"是暗影物攻，威力150，若本次攻击造成的伤害小于250，则提升自身攻击1个等级。很强大的附加效果，使用得当可所向披靡。

# 技能表

| 技能名 | 攻击类型 | 技能属性 | 威力 | 次数 | 筹级 | 使用效果 |
|---|---|---|---|---|---|---|
| 夜袭 | 物理攻击 | 暗影 | 60 | 30 | 1 | 先手威力翻倍 |
| 黑雾 | 属性攻击 | 普通 | – | 30 | 5 | 令对手攻击和特攻降低1个等级 |
| 邪恶攻击 | 物理攻击 | 暗影 | 70 | 30 | 9 | 15%几率使自己防御提升1个等级 |
| 影球 | 特殊攻击 | 暗影 | 45 | 40 | 13 | – |
| 魔眼 | 属性攻击 | 普通 | – | 30 | 17 | 令对手害怕 |
| 邪灵击 | 物理攻击 | 暗影 | 85 | 20 | 21 | 先手，当次攻击击败对方精灵则恢复1/4体力 |
| 心灵穿刺 | 特殊攻击 | 暗影 | 75 | 25 | 25 | 先出手时威力翻倍 |
| 分裂 | 属性攻击 | 普通 | – | 20 | 29 | 令对手命中降低1个等级 |
| 夜魔之球 | 物理攻击 | 暗影 | 130 | 5 | 33 | 消除对手强化效果 |
| 勇猛之力 | 特殊攻击 | 普通 | 120 | 5 | 37 | 5回合，致命提升 |
| 幽幻之盾 | 属性攻击 | 普通 | – | 10 | 41 | 完全抵挡1次伤害 |
| 黑夜侵袭 | 物理攻击 | 暗影 | 130 | 10 | 45 | 若伤害为奇数，30%对手疲惫1回合；若为偶数，30%速度提升1级 |
| 深黑恐惧 | 属性攻击 | 普通 | – | 5 | 49 | 令对手防御、特防下降2个等级 |
| 斗志复燃 | 特殊攻击 | 暗影 | 140 | 5 | 53 | 清除自身能力下降效果 |
| 暗夜守护 | 属性攻击 | 普通 | – | 5 | 57 | 令自身全属性提升1个等级 |
| 双重暗影 | 物理攻击 | 暗影 | 150 | 5 | 61 | 若伤害小于250，自身攻击提升1个等级 |

# 常用配招

| 内战建议配招 | 【双重暗影】+【暗夜守护】+【勇猛之力】+【魔眼】or【邪灵击】 |
|---|---|
| 外战建议配招 | 【双重暗影】+【暗夜守护】+【魔眼】+【黑夜侵袭】or【邪灵击】 |

# 学习力培养建议

**建议1：刷满攻击和速度**

对应性格：固执、开朗

**建议2：刷满攻击255，速度100，体力155**

对应性格：顽皮、开朗

# 王者素质3：内战分析

　　布莱克的速度资质值在暗影系中是比较领先的，在互相克制的情况下，往往速度决定一切。

　　内战中，布莱克如果遇到速度比自己快的对手，先手技能"邪灵击"会很有价值，因为此技能威力高达85，内战暗影打暗影是双倍克制，85+85=170的威力，足够秒杀大多数对手了。

　　遇到速度比自己慢的，布莱克则可以从容使用"双重暗影"加以轰杀。

　　布莱克在内战领域比较难缠的对手是桑诺特，由于速度落后于对手，所以胜负便显得有些微妙。如果是攻击型的布莱克（固执性格），那么加攻击刻印后直接开始用"双重暗影"先手抢攻，取胜几率会相对大很多。桑诺特的"时间定格"是非常有威胁的招数，此招数命中时80%令对方疲惫，1回合无法攻击，布莱克一旦被打中，就没有取胜的机会了。如果对自己的先手攻击没有把握，那么布莱克不妨尝试"暗夜守护"的强化辅助，在确立自身优势的基础上，再组织进攻。

桑诺特 **9.7分**

布莱克 **9.6分**

索比拉特 **9.5分**

# 王者素质4：外战分析

布莱克的速度资质值在外战领域算不上高，但体力种族还算优秀，攻击种族虽不出众，但华丽的技能配置弥补了这一缺陷。

外战推荐的配招："双重暗影"+"暗夜守护"+"魔眼"+"邪灵击"。"魔眼"的命中相当高，这一点在控场技能领域显得尤为突出。全属性+1的强化招数"暗夜守护"不仅使自己的攻击得到了提升，在双防上也有提升，最重要的是速度，一般一次强化即可超越对手！"邪灵击"的威力是85，又是布莱克擅长的物攻，这样的先手能够给予对手致命一击。大招"双重暗影"的伤害小于250则攻击+1，这意味着玄武之类的高双防精灵会在布莱克面前瓦解。

单精灵对战中，布莱克绝对厉害，如果遇到不是属性相克的系，胜算极高，但如果遇到罗德里斯一类的精灵，则很有可能失败。

从多精灵对战来看，布莱克是"传承"的又一份子，但是实战中使用它的小赛尔比较少！如果你的布莱克加上2个攻击刻印，完全可以先手秒杀血量低的精灵。

从BOSS战来看，如果是不免疫异常状态的BOSS，"就魔眼"+"暗夜守护"+"双重暗影"应付，布莱克可是强化、消强化、控场技能应有尽有啊；但是如果对手免疫"害怕"，那么就直接"暗夜守护"+"双重暗影"组织进攻吧。

**桑诺特 9.6分**　**布莱克 9.8分**　**索比拉特 9.4分**

## 王者点评

布莱克是比较帅气的精灵，跟随状态的时候身高比赛尔还要高，看上去很有王者之风。其本身是光明圣坛的守护者，战神联盟的一员，很受小赛尔喜爱。

在实际对战中，布莱克最大的亮点在于技能的丰富性，其全面的配置可以应对各种对手，此外招数的附加效果也有出彩之处，拥有类似招数的精灵非常稀少。

# 索比拉特

| | |
|---|---|
| 精灵序号 | 343 |
| 精灵属性 | 暗影系 |
| 进化阶段 | 高级 |
| 精灵性别 | 无 |
| 类　　型 | 融合精灵 |
| 属性相克 | 超能、暗影 |
| 被　　克 | 电、光、暗影 |

**9.3分**

## 推荐性格：胆小

21级 ➡ 41级 ➡

## 获得方法

　　索比拉特是融合精灵，是由卢比的最终进化形态洛比特和波古融合而来。

　　卢比和波古目前只能在超时空通道里面获得，小赛尔可以在超时空通道的精灵舱里面找到它们，并用时空胶囊进行捕捉。

　　主精灵洛比特，副精灵波古融合得到暗紫色元神珠。暗紫色元神珠吸能地点在拜伦号飞船左边，24小时后可以孵化。

# 王者素质1：总体概况

索比拉特的体力对于现在的精灵来说，只能算是中下水平，所以不推荐血攻流，前途黯淡。攻击较高，可惜无大用。防御和特防中等，确保不易被对手精灵秒杀。特攻是其强项，可惜纵向比较就不够突出了。速度对于主流精灵来说略显不足，还好有"极速"可以使自己的速度提升2个等级。

索比拉特在资质值上无任何优势，但是这只精灵强大的关键在于它的技能。

桑诺特 **9.7分**　布莱克 **9.7分**　索比拉特 **9.5分**

# 王者素质2：技能分析

"快攻"是普通物攻，威力45，虽是先手技能，但是威力实在有点低。

"极速"可以提升自身速度2个等级，为索比拉特提供了极大的速度优势。

"暗影冲刺"命中后有一定几率令对方害怕，为索比拉特争取到调整战术的时机。

"暗影集中"100%提升自身特攻2个等级，是有效的辅助招数，确保特攻效果最大化。

"恐吓"可以降低对方防御、特防1个等级，弱化对手的利器，单精灵对战时可以选用。

"暗黑加持"提升自身攻击、特攻1个等级，实战中基本没机会使用。

"黑色幻影"是暗影系特攻，威力130，5%令对方害怕，同样的效果不如依靠"暗影冲刺"更保险一些。

"魂之形态"确保5回合自身受到物理攻击伤害减半，对付物攻型精灵十分有效，大大减低对手的威胁。

"鬼影重重"是暗影系特攻，威力150，20%降低对手命中1级。威力突出，附加效果也很给力，是索比拉特的招牌技能。

桑诺特 **9.8分**　布莱克 **9.8分**　索比拉特 **9.6分**

# 技 能 表

| 技能名 | 攻击类型 | 技能属性 | 威力 | 次数 | 等级 | 使用效果 |
|---|---|---|---|---|---|---|
| 快 攻 | 物理攻击 | 普通 | 45 | 40 | 1 | 先制攻击 |
| 念 动 力 | 属性攻击 | 普通 | – | 30 | 5 | 使自己的命中提升1个等级 |
| 影 球 | 特殊攻击 | 暗影 | 45 | 40 | 9 | – |
| 极 速 | 属性攻击 | 普通 | – | 30 | 13 | 使自己的速度提升2个等级 |
| 残影连击 | 物理攻击 | 暗影 | 20 | 30 | 17 | 连续攻击目标3~5次 |
| 暗影冲刺 | 属性攻击 | 普通 | – | 20 | 22 | 一定几率使目标害怕 |
| 暗 影 箭 | 特殊攻击 | 暗影 | 65 | 40 | 25 | 5%的几率使目标害怕 |
| 噬魂之刃 | 物理攻击 | 暗影 | 80 | 30 | 29 | 使目标的体力上限降低25点 |
| 暗影集中 | 属性攻击 | 普通 | – | 20 | 33 | 使自己的特攻提升2个等级 |
| 穿 影 弹 | 特殊攻击 | 暗影 | 80 | 30 | 37 | 必定命中目标 |
| 荒 芜 | 物理攻击 | 暗影 | 100 | 15 | 42 | 附加50点固定伤害 |
| 恐 吓 | 属性攻击 | 普通 | – | 20 | 45 | 使目标的防御和特防降低1个等级 |
| 震慑风暴 | 特殊攻击 | 暗影 | 110 | 10 | 49 | 20%的几率使目标所有技能的使用次数降低1点 |
| 灭魔冲旋 | 物理攻击 | 暗影 | 130 | 5 | 53 | 5%的几率使目标害怕 |
| 暗黑加持 | 属性攻击 | 普通 | – | 20 | 57 | 使自己的攻击与特攻提升1个等级 |
| 黑色幻影 | 特殊攻击 | 暗影 | 130 | 5 | 61 | 5%的几率使目标害怕 |
| 魂之形态 | 属性攻击 | 普通 | – | 10 | 65 | 使自己承受的物理伤害降低1/2,持续5回合 |
| 黯灭一击 | 物理攻击 | 暗影 | 140 | 5 | 69 | 20%的几率使目标的防御降低个等级 |
| 鬼影重重 | 特殊攻击 | 暗影 | 150 | 5 | 73 | 20%的几率使目标的命中降低个等级 |

## 常用配招

| | |
|---|---|
| **内战建议配招** | 【暗影集中】+【鬼影重重】+【黑色幻影】+【极速】 |
| **外战建议配招** | 【暗影集中】+【鬼影重重】+【黑色幻影】+【极速】or【暗影冲刺】 |

## 学习力培养建议

**建议：刷满特攻和速度**

对应性格：保守、胆小

# 王者素质3：内战分析

　　暗影系的内战并不多见，基于暗影互克的特点，速度的比拼成为取胜的关键。

　　如果对手是桑诺特，因为桑诺特的速度领先于索比拉特，不论"黑暗结界"是否可以打出2倍伤害，索比拉特受限于先手招数的疲软，很难有机会反击。

　　遇到布莱克，依然无法在速度上超越对手，况且布莱克的招数攻击力和附加效果都绝对出色，唯一的机会就在于"鬼影重重"的减命中效果出现，否则基本无望。

　　索比拉特VS索比拉特的场合比较棘手，首先看谁速度快，快的话就能战胜对手，速度慢就没什么希望。其次还要看精灵自身的素质，个体之间的悬殊也会影响胜负。

桑诺特 **9.7分**

布莱克 **9.6分**

索比拉特 **9.5分**

# 王者素质4：外战分析

大多数小赛尔的索比拉特都是重特攻和速度，由于双防弱，所以在外战中受到一定限制。

索比拉特对战草系的丽莎布布等，一般败多胜少。丽莎布布等体力高特防高，而"金光绿叶"等不仅可以攻击，还附加恢复体力的效果，双方大招互拼，最后往往是草系获胜。对战水系鱼龙王、鲁斯王等，需要一定的运气，特别需要小心鲁斯王的"克制"，最好先强化再攻击。对战魔焰猩猩等火系精灵，胜利希望相对渺茫。基本上魔焰猩猩的速度比索比拉特快，所以2招秒杀是必定的。但不要忘记"鬼影重重"的附加效果，一定几率对方命中-1，只要魔焰猩猩出现MISS，那么胜利就属于你。对战高速的雷伊必败。对战盖亚则还算轻松，使用"魂之形态"后，盖亚完全无威胁。对龙系的哈莫雷特等，还是具有一定优势的，"鬼影重重"连续攻击即可。

总结一下，索比拉特最值得依靠的一是自身的速度，另一个就是大招"鬼影重重"的附加效果，如速度上落后于对手，那么便期待减低命中给自己带来机会吧。

桑诺特**9.8分**　　布莱克**9.8分**　　索比拉特**9.6分**

## 王者点评

索比拉特作为昔日的暗影系之王，虽被后来者桑诺特、布莱克等超越，但依旧有着非常不错的实用价值。特别是最终必杀技"暗影重重"的附加效果，更是在巅峰之战等场合屡屡发挥威力。

索比拉特的获得目前只有通过时空隧道用时空胶囊捕捉，虽说需要花费一定的费用，但还是推荐给广大小赛尔，培养一只是不会令你失望的。

# 卡鲁克斯

| | |
|---|---|
| 精灵序号 | 318 |
| 精灵属性 | 地系 |
| 进化阶段 | 高级 |
| 精灵性别 | 雄性 |
| 类　　型 | 融合精灵 |
| 属性相克 | 火、电、机械，对飞行无效 |
| 被　　克 | 水、草、冰，免疫电系属性 |

**9.6分**

## 推荐性格：固执、开朗

21级 ➡ 41级 ➡

## 获得方法

　　卡鲁克斯是融合精灵，是由卡斯达克（达比拉的最终进化形态）和莫比融合而来。达比拉在斯诺星的斯诺岩洞里。莫比是稀有精灵，有一定几率出现在云霄星地面层。发现它后，即可点击进入战斗并加以捕捉。

　　主精灵卡斯达克，副精灵莫比，融合得到咖啡色元神珠，在阿尔法星岩地吸收大地的精华，经过24小时才能孵化。

# 王者素质1：总体概况

头上有角，手上佩刀，身披铠甲，外形上看绝对十分拉风。

体力、防御较高，速度不算快，但也不至于处于劣势——标准的地面系特性！特攻可以直接无视，毕竟是物攻精灵嘛！属性方面，被克制于许多主系精灵，所以外战实在很吃亏。对飞行系无效，这个更是悲剧。地面系打许多系的精灵威力都会减半，这也是劣势所在。地面系克制电系、机械系、火系，在打BOSS的时候总算还有一定的用武之地！

| 卡鲁克斯 9.5分 | 猛虎王 9.6分 | 远古塔拉 9.5分 |

# 王者素质2：技能分析

"挖洞"和"土盾"分别可以提升自身防御和特防2个等级，是非常实用的强化招数。

"顿足"可以降低对方速度2个等级，卡鲁克斯自身速度不错，在此招配合下更可占据主动。

"破甲"能够降低对方防御2个等级，弱化必备。

"破攻"能够降低对方攻击2个等级，打雷伊等BOSS时会有明显效果。

"十字切"是普通系物理攻击，威力120，15%降低对方防御1个等级。因为是普通系技能，在对付属性克制自己的精灵时，会大派用场。

"大地之力"可以提升自身攻击2个等级，实用的强化招数，效果比"大地之心"更持久。

"大地之心"在两回合内使地面系技能威力加倍，由于有回合限制，不如"大地之力"实用。

"爆裂极突刺"是地面系物攻，威力150，15%降低对方攻击、防御、特攻1级。卡鲁克斯的最终必杀技。

| 卡鲁克斯 9.8分 | 猛虎王 9.6分 | 远古塔拉 9.5分 |

# 技能表

| 技能名 | 攻击类型 | 技能属性 | 威力 | 次数 | 等级 | 使用效果 |
|---|---|---|---|---|---|---|
| 叩 击 | 物理攻击 | 普通 | 40 | 40 | 1 | – |
| 瞄 准 | 属性攻击 | 普通 | – | 40 | 5 | 使自己命中提升1个等级 |
| 碎 裂 | 特殊攻击 | 地面 | 45 | 40 | 10 | |
| 震动打击 | 物理攻击 | 普通 | 50 | 35 | 15 | – |
| 挖 洞 | 属性攻击 | 普通 | – | 30 | 20 | 使自己防御提升2个等级 |
| 三 连 爪 | 物理攻击 | 普通 | 45 | 30 | 24 | 连续攻击目标2~3次 |
| 尘土飞扬 | 特殊攻击 | 地面 | 70 | 25 | 28 | 15%的几率降低目标攻击1个等级 |
| 土 盾 | 属性攻击 | 普通 | – | 30 | 32 | 使自己特防提升2个等级 |
| 碎 心 刺 | 物理攻击 | 地面 | 60 | 25 | 36 | 目标体力少于一半时威力加倍 |
| 土 龙 破 | 特殊攻击 | 地面 | 70 | 25 | 40 | 先出手时威力为2倍 |
| 顿 足 | 属性攻击 | 普通 | – | 25 | 43 | 使目标速度降低2个等级 |
| 威力重斩 | 物理攻击 | 地面 | 100 | 15 | 46 | – |
| 尖刺飞镖 | 特殊攻击 | 地面 | 80 | 15 | 49 | 必定命中目标 |
| 破 甲 | 属性攻击 | 普通 | – | 20 | 52 | 使目标防御降低2个等级 |
| 绝地反击 | 物理攻击 | 普通 | 140 | 5 | 55 | 烧伤、冻伤、中毒状态下伤害加倍 |
| 破 攻 | 属性攻击 | 普通 | – | 25 | 58 | 使目标攻击降低2个等级 |
| 地 裂 光 | 物理攻击 | 地面 | 90 | 15 | 61 | 15%的几率降低目标特防1个等级 |
| 十 字 切 | 物理攻击 | 普通 | 120 | 10 | 64 | 15%的几率降低目标防御1个等级 |
| 大地之力 | 属性攻击 | 普通 | – | 20 | 67 | 使自己攻击提升2个等级 |
| 大地之心 | 属性攻击 | 普通 | – | 10 | 73 | 2回合地面系技能威力加倍 |
| 爆裂极突刺 | 物理攻击 | 地面 | 150 | 5 | 77 | 15%降低目标攻击、防御、特攻1个等级 |

# 常用配招

| 内战建议配招 | 【大地之力】+【爆裂极突刺】+【大地之心】+【破甲】or【破攻】or【顿足】 |
|---|---|
| 外战建议配招 | 【大地之力】+【爆裂极突刺】+【十字切】+【大地之心】or【破甲】or【破攻】or【顿足】 |

# 学习力培养建议

**建议1：刷满攻击和速度**

对应性格：固执、大胆

**建议2：刷满攻击和体力**

对应性格：固执

# 王者素质3：内战分析

　　因为地面系精灵内战攻击威力不减半，所以速度至上，谁快谁就占有绝对的优势。

　　卡鲁克斯的速度超越目前所有的地面系精灵，因此内战中的胜率很高。

　　卡鲁克斯最大的敌人就是猛虎王，万一"无限连抓"打出高威力，那么卡鲁克斯基本就没有取胜的希望了。相反，卡鲁克斯则可以靠大招"爆裂极突刺"杀之，但还需注意猛虎王的先手。

　　此外，地面系的内战高手中，一度也曾出现闪光格林、沙克恩的身影，但卡鲁克斯攻击性能比闪光格林、沙克恩优秀，速度也占优势，所以明显是卡鲁克斯略胜一筹，闪光格林和沙克恩即使是体力型，也难以与之对抗。

　　最近新登场的地之尊者"莫拉坦"属于肉盾型精灵，防高血厚，其大招"晶石旋风击"+先手"土遁击"威力惊人，对拼之下，卡鲁克斯往往占不到便宜。此时，可先尝试"大地之力"强化，而后再大招"爆裂极突刺"猛攻。

**卡鲁克斯 9.7分**

**猛虎王 9.6分**

**远古塔拉 9.6分**

# 王者素质4：外战分析

　　地面系拥有无法回避的天敌——飞行系精灵。这个时候，很多小赛尔就开始在"十字切"和"绝地反击"两招的选择上左右为难——"十字切"有一定几率降低对方防御，一旦触发，第二次攻击就会高很多，但它的威力只有120；相比之下，"绝地反击"的威力有140，虽然没有特殊效果，但看上去总比"十字切"要厉害一些。实际上，建议大家选择"十字切"，原因很简单："绝地反击"是绝对后手，置之死地而后生的奇迹并不会常常发生。

　　由于被水、草两大主系克制，而自己所克制的机械系又不是很普遍，所以卡鲁克斯在外战中不活跃。虽然可以对付"火系"，不过一定要注意上古炎兽的"天罚"，和高特攻的魔焰猩猩。由于卡鲁克斯的特防低，很可能会被对手秒杀。遇到鲁斯王，卡鲁克斯就只能以"十字切"进攻，如遇到草系的丽莎布布基本胜利无望。看到雷伊不用怕，直接上去秒杀吧。虽说卡鲁克斯对飞行无效，但飞行对它也不克制，所以不会秒杀，可以用"十字切"拼运气，但一般飞行系都是高速，基本不会给卡鲁克斯第二次出手机会。

**卡鲁克斯 9.5分**　**猛虎王 9.5分**　**远古塔拉 9.3分**

## 王者点评

　　卡鲁克斯跟猛虎王一直在争夺地面系之王的宝座。其能力很不错，在对战雷伊时能发挥决定性作用。

　　但是，卡鲁克斯没有绝对先手和控场招，若无法凭借高攻击一击必杀，就很难打倒对手。所以，卡鲁克斯虽有血攻流的学习力刷法，但更多小赛尔还是选择以速攻流为主，毕竟卡鲁克斯只要夺得速度上的优势就可在内战中大显身手，这一作用是毋庸置疑的。

# 猛虎王

| | |
|---|---|
| **精灵序号** : | 299 |
| **精灵属性** : | 地系 |
| **进化阶段** : | 高级 |
| **精灵性别** : | 雌性 |
| **类　　型** : | 活动精灵 |
| **属性相克** : | 火、电、机械, 对飞行无效 |
| **被　　克** : | 水、草、冰, 免疫电系性 |

**9.6分**

## 推荐性格: 固执、开朗

 35级

## 获得方法

　　在一段时间内, 花50米币可以获得猛虎王、速爪刻印以及虎王坐骑芯片一块。

　　此前已经有猛虎王的小赛尔花10米币就能获得刻印和芯片。

　　目前, 猛虎王在梦幻砸蛋机里有一定几率可以获得。

# 王者素质1：总体概况

猛虎王体力不错，确保战场上不至于被秒杀。攻击、防御和特防的数值也还算令人满意，不过速度偏低，这一点需要改善。特攻可以无视，毕竟这是一只物攻为主的精灵。

对于猛虎王最大的争议来源于其技能"无限连抓"的随机性，运气好的话这招所向披靡，运气不好则往往贻误战机……无论怎样，猛虎王外形华丽，很有王者风范！自从出现"速爪刻印"之后，其实用价值也有所提升。但是，作为坐骑来说就有点令人失望，其行动速度之慢实在无法忍受。

**卡鲁克斯 9.5分**　**猛虎王 9.6分**　**远古塔拉 9.5分**

# 王者素质2：技能分析

"速爪"是普通系物理攻击，威力50，先手技能，建议配合刻印使用。

"抵挡"可以提升防御1个等级，很普通的强化招数。

"吼声"命中后可以让对方害怕，这个技能用于战斗辅助，可为自己争取机会。

"无限连爪"是普通系物理攻击，威力虽然只有5，但1回合可以做1~70下攻击。堪称猛虎王的成名招数，但由于随机性强，效果存在争议。

"果断"可以提升命中1个等级，配合"吼声"，往往可以产生奇效。

"利爪岩铁碎"是地面系物理攻击，威力130，15%让对方防御减低1个等级，附加效果出现的几率较低。

"勇猛"可以提升攻击2个等级，作为主要的辅助攻击手段，务必配备。

"虎牙瞬迅击"是地面系物理攻击，威力150，猛虎王的最终必杀，效果比"无限连爪"稳定。

**卡鲁克斯 9.8分**　**猛虎王 9.6分**　**远古塔拉 9.6分**

# 技能表

| 技能名 | 攻击类型 | 技能属性 | 威力 | 次数 | 等级 | 使用效果 |
|---|---|---|---|---|---|---|
| 速 爪 | 物理攻击 | 普通 | 50 | 40 | 1 | 先制攻击 |
| 进 攻 | 属性攻击 | 普通 | – | 40 | 8 | 使自己攻击提升1个等级 |
| 锋利之牙 | 物理攻击 | 普通 | 70 | 30 | 15 | 更加容易打出致命一击 |
| 抵 挡 | 属性攻击 | 普通 | – | | 20 | 使自己的防御提升1个等级 |
| 断裂之击 | 物理攻击 | 地面 | 90 | 20 | 25 | 10%的几率使目标疲惫 |
| 吼 声 | 属性攻击 | 普通 | – | 10 | 30 | 命中时使目标害怕 |
| 无限连爪 | 物理攻击 | 普通 | 5 | 15 | 40 | 连续攻击目标1~70次 |
| 果 断 | 属性攻击 | 普通 | – | 10 | 50 | 使自己命中提升1个等级 |
| 利爪岩铁碎 | 物理攻击 | 地面 | 130 | 10 | 60 | 15%的几率降低目标防御1个等级 |
| 勇 猛 | 属性攻击 | 普通 | – | 10 | 70 | 使自己攻击提升2个等级 |
| 虎牙瞬迅击 | 物理攻击 | 地面 | 150 | 5 | 80 | 25%的几率提升自己命中1个等级 |

## 常用配招

| 内战建议配招 | 【虎牙瞬迅击】+【速爪】<br>+【无限连爪】or【果断】<br>+【勇猛】or【吼声】 |
|---|---|
| 外战建议配招 | 【虎牙瞬迅击】+【速爪】<br>+【无限连爪】or【果断】<br>+【勇猛】or【吼声】 |

## 学习力培养建议

### 建议1：刷满攻击和速度
对应性格：固执、大胆

### 建议2：刷满攻击和体力
对应性格：固执

# 王者素质3：内战分析

由于地面系对战，威力是不减半的，所以不必过分依赖"无限连爪"，还是保留比较稳定的"虎牙瞬迅击"较好，辅以"吼声"来为自己创造组织进攻的时机。

猛虎王内战最大的敌人是卡鲁克斯、埃里克斯和远古甲虫。

因为卡鲁克斯没有先手，所以它是比较好对付的，大招加先手基本就能搞定。但是，如果卡鲁克斯配备了"撞击"加先手刻印，那么情况就会变得比较复杂，建议猛虎王使用"吼声"来牵制对手，否则局势将会向不利的方向发展。

对付埃里克斯则比较吃力，因为埃里克斯的防御资质值较高，所以猛虎王的大招加先手不足以打败它。建议还是用"吼声"让对方害怕，强化之后再以大招干掉。

面对远古甲虫，战术和对付卡鲁克斯一样，大招配合先手就行了。

当然，大家也可以赌运气尝试下猛虎王"无限连爪"的功效，连续70次攻击是无人能敌的。

卡鲁克斯 **9.7分**

猛虎王 **9.6分**

远古塔拉 **9.6分**

# 王者素质4：外战分析

猛虎王是地面系，被草系、水系、冰系所克制，克制火系、电系、机械系，对飞行系无效，对草系、龙系、圣灵系、超能系、暗影系伤害减弱。下面我们分析一下几个对猛虎王威胁最大的精灵。

首先是鲁斯王，作为水系强者之一，无论是血攻还是速攻，只要遇到鲁斯王，那么基本上猛虎王就胜算渺茫了——血攻鲁斯王威胁较小，因为速度肯定不高。但速攻的话，鲁斯王就稳操胜券。打鲁斯王只能靠"无限连爪"秒杀或者"吼声"使之害怕。所以，一定要拼先手。

哈莫雷特是猛虎王的克星之一，血量高速度快，再加上"龙之意志"的全能力加强，"虎牙瞬迅击"对它效果甚微，只有"无限连爪"创造奇迹才有取胜的可能。

草系精灵因为属性克制的关系，也是优势明显，尽管草系精灵速度普遍慢，但也只能奢求"无限连爪"的伤害足够高。

对付超能、暗影、飞行这三系，"虎牙瞬迅击"完全没有威力，一样要期待"无限连爪"的奇功。

卡鲁克斯 **9.5分**　　猛虎王 **9.5分**　　远古塔拉 **9.3分**

## 王者点评

对于猛虎王的地面系王者地位一直争议不断，作为早期的收费精灵，它承担了太多性能以外的苛求。"无限连爪"更是毁誉参半，不过在"无限连爪"刻印出现后，情况有些改善。

其实，猛虎王的亮点除"无限连爪"外，还在于控场技能——"吼声"。妥善使用的话可以令取胜的机会大大增加，以此为基础，往往可以创造出丰富的战术组合。

# 远古塔拉

| 精灵序号: | 628 |
| --- | --- |
| 精灵属性: | 地系 |
| 进化阶段: | 高级 |
| 精灵性别: | 雄性 |
| 类　　型: | 融合精灵 |
| 属性相克: | 火、电、机械, 对飞行无效 |
| 被　　克: | 水、草、冰, 免疫电系性 |

**9.3分**

## 推荐性格: 固执

35级

## 获得方法

　　远古塔拉是一只融合精灵, 由远古甲虫和晶岩兽融合而来。

　　主融合精灵是远古甲虫, 出现在墨杜萨星上。副融合精灵是晶岩兽, 目前已经绝版。

　　两者融合得到棕色元神珠, 在双子阿尔法星第二场景吸收能量, 24小时后可以孵化得到远古塔拉的初级形态——晶岩虫。

# 王者素质1：总体概况

双防和体力是远古塔拉的强项，特攻和速度略显逊色，对于高攻高速的当今精灵界来说，实在不值一提。远古塔拉的学习力刷法多种多样，如果想练成以攻为主的，就刷满攻击、体力；想打BOSS的话，就刷满双防，或者双防、体力各刷170，也正好是510。

针对体力和双防优秀的特点，再配合招数上的变化，远古塔拉就具备了相当不错的实用性，在地面系精灵中占有不容忽视的地位。

**卡鲁克斯 9.5分**　　**猛虎王 9.6分**　　**远古塔拉 9.5分**

# 王者素质2：技能分析

"飞泥"命中后100%降低对方命中1个等级，勉强可在控场方面发挥一些作用。

"地之守护"可以恢复自身最大体力的1/3，用于打消耗战是不错的选择。

"远古石铠"可以提升自身防御、特防2个等级，比较普通的强化招数。

"晶岩裂震"是地面系物攻，威力125，15%令对方防御降低2个等级。威力尚可，附加效果出现几率较低。

"震荡"可以令对手攻击、速度、命中降低1个等级，

不错的弱化招数，往往可以扭转战场上的局势。

"巨镰挥舞"可以作用4~5个回合，每回合引弹1/4伤害，由于远古塔拉体力较高，所以用此招与对手缠斗较有优势。

"远古岩之力"可令自身防御和命中上升2个等级，值得依赖的辅助强化招数。

"远古十字切"是地面系物攻，威力150，10%令对方防御降低1个等级。这是远古塔拉的最终必杀，附加效果出现几率较低。

**卡鲁克斯 9.8分**　　**猛虎王 9.6分**　　**远古塔拉 9.6分**

# 技能表

| 技能名 | 攻击类型 | 技能属性 | 威力 | 次数 | 等级 | 使用效果 |
|---|---|---|---|---|---|---|
| 甩尾 | 物理攻击 | 普通 | 45 | 40 | 1 | |
| 飞泥 | 属性攻击 | 普通 | – | 30 | 5 | 令对手命中降低1个等级 |
| 震碎 | 特殊攻击 | 地面 | 55 | 35 | 9 | 惩罚,对方能力等级越高,此技能威力越大 |
| 巨石破 | 物理攻击 | 地面 | 70 | 30 | 13 | 15%几率令对手防御降低1个等级 |
| 护盾 | 属性攻击 | 普通 | – | 20 | 17 | 吸收50点伤害 |
| 飞射碎石 | 特殊攻击 | 地面 | 75 | 25 | 21 | 先制攻击 |
| 沙之镰 | 物理攻击 | 地面 | 75 | 25 | 25 | 先手威力翻倍 |
| 地之守护 | 属性攻击 | 普通 | – | 10 | 29 | 恢复1/3体力 |
| 锤地 | 物理攻击 | 地面 | 90 | 20 | 33 | 必中 |
| 远古石铠 | 属性攻击 | 普通 | – | 10 | 37 | 使自己防御和特防提升2个等级 |
| 尘土风暴 | 特殊攻击 | 地面 | 95 | 15 | 41 | 15%令对手命中降低1个等级 |
| 晶岩裂震 | 物理攻击 | 地面 | 125 | 10 | 45 | 15%令对手防御降低2个等级 |
| 震荡 | 属性攻击 | 普通 | – | 30 | 49 | 令对手攻击、速度和命中降低1个等级 |
| 晶岩沙暴 | 特殊攻击 | 地面 | 120 | 5 | 53 | 惩罚,对方能力等级越高,此技能威力越大 |
| 巨镰挥舞 | 属性攻击 | 普通 | – | 10 | 57 | 反弹对手1/4伤害,持续4~5回合 |
| 必杀斩击 | 物理攻击 | 普通 | 135 | 5 | 61 | 10%令对手害怕 |
| 灭天风沙流 | 特殊攻击 | 地面 | 140 | 5 | 65 | 15%令对手防御降低1个等级 |
| 远古岩之力 | 属性攻击 | 普通 | – | 10 | 69 | 使自己攻击和命中提升2个等级 |
| 远古十字切 | 物理攻击 | 地面 | 150 | 5 | 73 | 10%几率令对手防御降低1个等级 |

# 常用配招

| 外战建议配招 | 【远古岩之力】+【远古十字切】<br>+【必杀斩击】+【震荡】<br>or【远古石铠】 |
|---|---|
| 外战建议配招 | 【震荡】+【远古石铠】<br>+【地之守护】or【必杀斩击】<br>+【远古十字切】 |

# 学习力培养建议

| 建议1：刷满攻击和体力 |
|---|
| 对应性格：固执、勇敢 |
| 建议2：刷满攻击，防御和特防各刷一半 |
| 对应性格：对应性格：固执、勇敢 |
| 建议3：刷满攻击和防御 |
| 对应性格：顽皮 |
| 建议4：刷满攻击和特防 |
| 对应性格：慎重 |

# 王者素质3：内战分析

　　地面系对战地面系威力是不减半的，所以内战时的战术也比较单一。

　　遇到猛虎王，远古塔拉的胜率相对较小，对方一般是大招加先手，而且"无限连爪"加上刻印后的效果更胜从前，远古塔拉在这种情况下基本无还手之力，但如果曾经刷过双防和体力的话，那么局面又另当别论。

　　遇到卡鲁克斯可以碰碰运气，用"震荡"令对手攻击、速度和命中降低，辅以加血道具的使用，伺机再以大招加先手攻击。卡鲁克斯也会以"破甲"和"破攻"干扰我们，但不需要担心，远古塔拉的弱化效果比卡鲁克斯更加全面。

　　寄宿岩是一个比较难对付的角色，"寄宿"、"崎岖"还有"地衣"的效果使得战局无形中加长，我方稍有闪失就会落败。而且远古塔拉缺少有力的强化招数这一弱点，此时完全暴露出来，只有耐心寻找进攻的时机，才有获胜的希望。

　　地之尊者莫拉坦与寄宿岩类似，甚至犹有过之，远古塔拉还是耐心进行消耗战吧！

卡鲁克斯 **9.7分**

猛虎王 **9.6分**

远古塔拉 **9.6分**

182

# 王者素质4：外战分析

外战中，远古塔拉可以分为进攻型打法和防御型打法两大类。前一类的配招是："远古十字切"+"远古岩之力"+"震荡"+"必杀斩击"；后一种则是："远古十字切"+"远古石铠"+"地之守护"+"震荡"。地面系的主要强力对手是水系、草系和冰系的精灵，而且打龙系、草系、暗影系和超能系精灵威力会减半，由于远古塔拉没有一个威力大的普通系大招，再加上速度又慢，所以遇到被克的系基本就会落败。

遇到克制自己的精灵时，远古塔拉可以先用"震荡"，运气好的话对方出现MISS，然后我方即可大招加先手攻击。运气不好的话，就凭借远古塔拉防御和特防较高的特点，尽量组织反攻。

遇到自己克制的精灵时，既可以用"震荡"先行弱化，然后大招击杀，也可以凭借自己防高血厚的特点，硬生生地用大招猛击。总之，其胜算还是很大的。

其实，远古塔拉融合前的两个精灵本身不是很厉害，但远古塔拉却继承并发扬了它们的优点，这一点实在难能可贵。

**卡鲁克斯 9.5分**   **猛虎王 9.5分**   **远古塔拉 9.3分**

# 王者点评

远古塔拉是一只很不错的精灵，而且一度比较容易获得。虽然速度慢了点，但是体力非常优秀，以体力来弥补速度的缺点也不失为一种发展方向！远古塔拉的缺点在于攻击.不过，远古塔拉刷学习力的方法非常多，这令其有了丰富多彩的临场表现，千万不可小看它哦。

作为融合精灵，远古塔拉基本令人满意，而且又在继承的基础上有所成长，价值得以最大化体现，难能可贵。

# 精灵刻印大全

在本书中，我们介绍了各系王者精灵的实战技巧，但是必须注意的是，使用刻印后的精灵会变得更强、更厉害！

刻印只有100级精灵能用，每个精灵只能装两个，还有一些是特定的精灵配备，这些刻印为精灵提升了能力，也在一定程度上改变了战斗中的战术安排，这些改变有的我们已在文中注明，有的则需要小赛尔灵活运用。

精灵刻印分为能力刻印和技能刻印。

点击精灵刻印，就可以给精灵装备上了，如果不想要或者想换掉，可以点卸载刻印。

所谓的技能刻印，精灵刻印的名称是什么，就表示只有对应到那个技能才会产生效果。比如"破元闪刻印"，就只有装备给100级的盖亚，并且在盖亚使用"破元闪"技能的时候，才会增加15威力，否则是无效的。

能力刻印则是针对所有精灵的某一个属性值，如"中级攻防刻印"，可以将任意精灵的攻击和防御+10。

| 图片 | 类型 | 名称 | 效果 | 限定 |
|------|------|------|------|------|
|  | 技能型刻印 | 暗影护盾刻印 | 回合数+1 | 该隐 |
|  | 技能型刻印 | 火焰流星刻印 | 连击次数+1 | 罗德利斯 |
|  | 技能型刻印 | 恐怖深渊刻印 | 连击次数+2 | 鲁尔蒂尼 |

| 图片 | 类型 | 名称 | 效果 | 限定 |
|------|------|------|------|------|
|  | 技能型刻印 | 手下留情刻印 | 先制+1 | 100级 |
|  | 技能型刻印 | 飞叶风暴刻印 | 移除能力下降效果 | 100级 |
|  | 技能型刻印 | 烈焰冲撞刻印 | 移除自身受损效果 | 100级 |

| | | | | |
|---|---|---|---|---|
| | 技能型刻印 | 幻影冲刺刻印 | 威力+5 | 艾克里桑 |
| | 技能型刻印 | 爆炎波动阵刻印 | 威力+5 | 迪尔科特 |
| | 技能型刻印 | 超能生长刻印 | 威力+5 | 克尔加德 |
| | 技能型刻印 | 光羽天翔刻印 | 威力+10 | 阿尔达拉 |
| | 技能型刻印 | 碎岩斩刻印 | 威力+10 | 菲拉斯特 |
| | 技能型刻印 | 暗影冰锥刻印 | 威力+10 | 格拉诺 |
| | 技能型刻印 | 光芒冰刺刻印 | 威力+20 | 格兰诺 |
| | 技能型刻印 | 光栅炮刻印 | 移除自身疲惫效果 | 100级 |
| | 技能型刻印 | 火箭头槌刻印 | 移除自身疲惫效果 | 100级 |

| | | | | |
|---|---|---|---|---|
| | 技能型刻印 | 高压水枪刻印 | 命中率+15% | 100级 |
| | 技能型刻印 | 浪打千击刻印 | 连击次数+2 | 鲁斯王 |
| | 技能型刻印 | 绝地反击刻印 | 威力+30 | 魔焰猩猩 |
| | 技能型刻印 | 究极吸取刻印 | 威力+10 | 丽莎布布 |
| | 技能型刻印 | 异界幻象刻印 | 固定伤害+50 | 克鲁耶克 |
| | 技能型刻印 | 敌我同伤刻印 | 移除自身受损效果 | 朵拉格 |
| | 技能型刻印 | 大地守护刻印 | 回合数+2 | 巴斯特 |
| | 技能型刻印 | 天罚刻印 | 必中 | 上古炎兽 |
| | 技能型刻印 | 踏浪迎击刻印 | 威力+15 | 远古鱼龙 |

| 图片 | 类型 | 名称 | 效果 | 限定 | 图片 | 类型 | 名称 | 效果 | 限定 |
|---|---|---|---|---|---|---|---|---|---|
| | 技能型刻印 | 无限连抓刻印 | 连击次数+5 | 猛虎王 | | 能力型刻印 | 小型特攻刻印 | 特攻+10 | 100级 |
| | 技能型刻印 | 火焰喷射刻印 | 威力+50 | 100级 | | 能力型刻印 | 小型防御刻印 | 防御+10 | 100级 |
| | 技能型刻印 | 千叶斩刻印 | 威力+5 | 100级 | | 能力型刻印 | 小型攻击刻印 | 攻击+10 | 100级 |
| | 技能型刻印 | 贯穿水枪刻印 | 威力+15 | 100级 | | 能力型刻印 | 微型体力刻印 | 体力+10 | 100级 |
| | 技能型刻印 | 快攻刻印 | 威力+20 | 100级 | | 能力型刻印 | 微型速度刻印 | 速度+3 | 100级 |
| | 技能型刻印 | 碎心刺刻印 | 威力+25 | 卡鲁克斯 | | 能力型刻印 | 微型特防刻印 | 特防+5 | 100级 |
| | 技能型刻印 | 极光刻印 | 先制+1 | 谱尼 | | 能力型刻印 | 微型特攻刻印 | 特攻+5 | 100级 |
| | 技能型刻印 | 破元闪刻印 | 威力+15 | 盖亚 | | 能力型刻印 | 微型防御刻印 | 防御+5 | 100级 |
| | 技能型刻印 | 雷祭刻印 | 命中率+10% | 雷伊 | | 能力型刻印 | 微型攻击刻印 | 攻击+5 | 100级 |
| | 技能型刻印 | 风驰电掣刻印 | 威力+25 | 雷伊 | | SPT专属刻印 | 泰山压顶刻印 | 移除自身疲意效果 | 蘑菇怪 |
| | 技能型刻印 | 圣灵闪刻印 | 先制+1 | 阿克希亚 | | SPT专属刻印 | 钢牙击刻印 | 威力+40 | 钢牙鲨 |

| | 技能型刻印 | 峰回路转刻印 | 固定伤害+50 | 闪光波克尔 |
|---|---|---|---|---|
| | 技能型刻印 | 电光火石刻印 | 威力+15 | 100级 |
| | 技能型刻印 | 撞击刻印 | 先制+1 | 100级 |
| | 能力型刻印 | 中型体力刻印 | 体力+30 | 100级 |
| | 能力型刻印 | 中型速度刻印 | 速度+10 | 100级 |
| | 能力型刻印 | 中型特防刻印 | 特防+20 | 100级 |
| | 能力型刻印 | 中型特攻刻印 | 特攻+20 | 100级 |
| | 能力型刻印 | 中型防御刻印 | 防御+20 | 100级 |
| | 能力型刻印 | 中型攻击刻印 | 攻击+20 | 100级 |
| | 能力型刻印 | 小型体力刻印 | 体力+20 | 100级 |
| | 能力型刻印 | 小型速度刻印 | 速度+5 | 100级 |
| | 能力型刻印 | 小型特防刻印 | 特防+10 | 100级 |

| | SPT专属刻印 | 幻影刻印 | 威力+30 | 里奥斯 |
|---|---|---|---|---|
| | SPT专属刻印 | 魔能风暴刻印 | 移除能力下降效果 | 提亚斯 |
| | SPT专属刻印 | 极度冰点刻印 | 命中率+10% | 阿克希亚 |
| | SPT专属刻印 | 狂龙站吼刻印 | 威力+30 | 哈莫雷特 |
| | SPT专属刻印 | 狂暴刻印 | 移除能力下降效果 | 塔克林 |
| | SPT专属刻印 | 狂化龙舞刻印 | 连击次数+1 | 塔西亚 |
| | SPT专属刻印 | 旋风爪击刻印 | 威力+5 | 劳克蒙德 |
| | SPT专属刻印 | 七色光芒刻印 | 威力+40 | 厄尔塞拉 |
| | SPT专属刻印 | 属性反转刻印 | 效果回合数+10 | 纳多雷 |
| | SPT专属刻印 | 闪光击刻印 | 威力+15 | 雷伊 |
| | SPT专属刻印 | 魔翔天驱刻印 | 威力+35 | 魔狮迪露 |
| | SPT专属刻印 | 药剂反噬刻印 | 效果回合数+10 | 奈尼芬多 |

| 序号 | 精灵名称 | 技能名称 | 等级 | 威力 | 攻击类型 | 序号 | 精灵名称 | 技能名称 | 等级 | 威力 | 攻击类型 |
|---|---|---|---|---|---|---|---|---|---|---|---|
| 008 | 烈火猴 | 音速拳 | 14 | 45 | 物理攻击 | 170 | 利齿鱼 | 水流喷射 | 21 | 40 | 特殊攻击 |
| 008 | 烈火猴 | 佯攻 | 26 | 60 | 物理攻击 | 171 | 魔牙鲨 | 佯攻 | 59 | 60 | 物理攻击 |
| 010 | 皮皮 | 电光火石 | 5 | 40 | 物理攻击 | 175 | 希洛 | 电光火石 | 6 | 40 | 物理攻击 |
| 022 | 毛毛 | 电光火石 | 13 | 40 | 物理攻击 | 182 | 拉杰特 | 冲锋 | 21 | 50 | 物理攻击 |
| 026 | 哈尔浮 | 快击 | 35 | 50 | 物理攻击 | 191 | 林修斯 | 一闪 | 36 | 60 | 物理攻击 |
| 034 | 钢牙鲨 | 佯攻 | 50 | 60 | 物理攻击 | 194 | 罗卡尔 | 佯攻 | 27 | 60 | 物理攻击 |
| 041 | 胡里亚 | 电光火石 | 1 | 40 | 物理攻击 | 202 | SRX | 急速飞镖 | 35 | 70 | 特殊攻击 |
| 043 | 罗奇 | 电光火石 | 1 | 40 | 物理攻击 | 216 | 哈莫雷特 | 音速撞击 | 26 | 60 | 物理攻击 |
| 044 | 基罗拉 | 佯攻 | 31 | 60 | 物理攻击 | 220 | 依希亚 | 光闪击 | 41 | 70 | 物理攻击 |
| 057 | 杰拉特 | 冲锋 | 19 | 50 | 物理攻击 | 221 | 卡博 | 隔空掌 | 18 | 60 | 特殊攻击 |
| 069 | 提亚斯 | 飞空斩 | 30 | 70 | 物理攻击 | 226 | 吉鲁尼 | 飞旋击 | 34 | 70 | 物理攻击 |
| 070 | 雷伊 | 风驰电掣 | 8 | 50 | 物理攻击 | 230 | 硬甲蟹 | 冲锋 | 12 | 50 | 物理攻击 |
| 075 | 波浪鸭 | 追风拳 | 20 | 50 | 物理攻击 | 230 | 硬甲蟹 | 一闪 | 24 | 60 | 物理攻击 |
| 077 | 尼尔 | 速攻 | 1 | 45 | 物理攻击 | 238 | 吉娜 | 幻影突袭 | 31 | 60 | 特殊攻击 |
| 080 | 帕诺 | 快攻 | 1 | 45 | 物理攻击 | 258 | 埃瑞克 | 土遁击 | 39 | 70 | 物理攻击 |
| 084 | 依丁丝 | 突刺 | 21 | 55 | 物理攻击 | 260 | 堤坦 | 破元闪 | 17 | 60 | 物理攻击 |
| 091 | 悠悠 | 冲锋 | 1 | 50 | 物理攻击 | 262 | 奈诺伊 | 冲锋 | 1 | 50 | 物理攻击 |
| 092 | 遥迪 | 急速俯冲 | 37 | 70 | 物理攻击 | 281 | 伶俐鸟 | 迅隼击 | 11 | 60 | 物理攻击 |
| 095 | 尼布 | 水流喷射 | 13 | 40 | 特殊攻击 | 288 | 厄斯沃姆 | 千斤扳手 | 45 | 115 | 物理攻击 |
| 098 | 卡伽加 | 电光轮 | 25 | 60 | 物理攻击 | 298 | 迅牙虎 | 速爪 | 1 | 50 | 物理攻击 |
| 101 | 卡西 | 急速冲撞 | 9 | 50 | 物理攻击 | 304 | 伊优达 | 闪击 | 1 | 45 | 物理攻击 |
| 110 | 布鲁克克 | 闪光一击 | 55 | 70 | 物理攻击 | 304 | 伊优达 | 水流喷射 | 12 | 40 | 特殊攻击 |
| 113 | 雷纳多 | 极速射线 | 51 | 70 | 物理攻击 | 307 | 炎火猴 | 音速拳 | 15 | 70 | 物理攻击 |
| 118 | 克洛亚 | 回旋击 | 46 | 70 | 物理攻击 | 310 | 闪光尼尔 | 速攻 | 1 | 45 | 物理攻击 |
| 120 | 特鲁尼 | 飞旋击 | 35 | 70 | 物理攻击 | 319 | 轻羽蜂 | 快击 | 14 | 50 | 物理攻击 |
| 126 | 拉博 | 隔空掌 | 25 | 60 | 特殊攻击 | 320 | 迅捷蛹 | 急速燕返 | 29 | 65 | 物理攻击 |
| 137 | 伊克多 | 快攻 | 1 | 45 | 物理攻击 | 324 | 古雷亚 | 急速冷冻 | 63 | 70 | 特殊攻击 |
| 140 | 艾迪希连 | 迅捷突击 | 44 | 70 | 物理攻击 | 326 | 海格兔 | 佯攻 | 26 | 60 | 物理攻击 |
| 142 | 肯扎特 | 瞬踢 | 33 | 60 | 物理攻击 | 328 | 辛克 | 疾风刺 | 36 | 70 | 物理攻击 |
| 147 | 吉尼亚斯 | 雷电突刺 | 48 | 70 | 物理攻击 | 363 | 鲁比克 | 斜转 | 25 | 0 | 属性技能 |
| 149 | 贝特卡恩 | 瞬迅击 | 1 | 70 | 物理攻击 | 363 | 鲁比克 | 急速冲撞 | 17 | 55 | 物理攻击 |
| 152 | 查理基斯 | 飞旋击 | 39 | 70 | 物理攻击 | 366 | 呆呆蛹 | 急转弹击 | 57 | 75 | 物理攻击 |
| 159 | 托尼亚 | 奇袭 | 21 | 60 | 物理攻击 | 380 | 凯凯西朴 | 冲锋 | 20 | 50 | 物理攻击 |
| 164 | 闪光皮皮 | 电光火石 | 9 | 40 | 物理攻击 | 384 | 波戈 | 一闪 | 22 | 60 | 物理攻击 |

| 序号 | 精灵名称 | 技能名称 | 等级 | 威力 | 攻击类型 | 序号 | 精灵名称 | 技能名称 | 等级 | 威力 | 攻击类型 |
|---|---|---|---|---|---|---|---|---|---|---|---|
| 403 | 泰瑞 | 闪电冲撞 | 17 | 40 | 物理攻击 | 543 | 赫拉尼洛 | 速射钻头 | 17 | 70 | 物理攻击 |
| 403 | 泰瑞 | 急速电容球 | 61 | 75 | 特殊攻击 | 546 | 佐斯特 | 瞬影袭 | – | 70 | 物理攻击 |
| 405 | 提姆提姆 | 闪光一击 | 13 | 70 | 物理攻击 | 549 | 妮诺娜 | 炎火飞泻 | 29 | 65 | 特殊攻击 |
| 405 | 提姆提姆 | 隔空掌 | 33 | 60 | 特殊攻击 | 552 | 乌托卡 | 燃烧之光 | 25 | 70 | 特殊攻击 |
| 415 | 乌普卡 | 突击快攻 | 49 | 70 | 物理攻击 | 555 | 宾塞克 | 瞬冰枪击 | 21 | 70 | 物理攻击 |
| 421 | 厄尔塞拉 | 瞬闪 | 34 | 70 | 物理攻击 | 559 | 波尼斯 | 瞬灭斩 | 25 | 70 | 特殊攻击 |
| 424 | 克尔加德 | 急速穿刺 | 49 | 65 | 特殊攻击 | 561 | 史沃勒 | 快攻 | – | 45 | 物理攻击 |
| 432 | 杰西卡 | 光速刺拳 | 22 | 20 | 物理攻击 | 563 | 莱格卡萨 | 瞬冰裂 | – | 70 | 特殊攻击 |
| 435 | 萨诺拉斯 | 急速火球 | – | 65 | 特殊攻击 | 566 | 桑特诺娃 | 炫光闪 | 21 | 70 | 特殊攻击 |
| 447 | 格兰诺 | 光闪击 | 57 | 70 | 特殊攻击 | 568 | 诺姆 | 瞬袭念 | 10 | 65 | 特殊攻击 |
| 455 | 雷光兽 | 极速冲撞 | 20 | 70 | 物理攻击 | 570 | 克拉肯 | 水上滑翔 | 17 | 70 | 特殊攻击 |
| 458 | 奥利贡 | 旋转冲撞 | 45 | 60 | 物理攻击 | 573 | 布莱卡恩 | 无影草 | 17 | 65 | 特殊攻击 |
| 462 | 阿尔达拉 | 光闪击 | 25 | 70 | 特殊攻击 | 575 | 克罗达 | 快攻 | 1 | 45 | 物理攻击 |
| 465 | 纳鲁洛特 | 快攻 | 16 | 45 | 物理攻击 | 579 | 库洛卡 | 快攻 | 1 | 45 | 物理攻击 |
| 468 | 罗德利斯 | 音速火拳 | 17 | 70 | 物理攻击 | 582 | 特洛尼特 | 快攻 | 1 | 45 | 物理攻击 |
| 470 | 米希奈尔 | 极速飞弹 | 21 | 65 | 特殊攻击 | 584 | 阿哆啦 | 快击 | 9 | 50 | 物理攻击 |
| 477 | 查库拉 | 电光火石 | 13 | 40 | 物理攻击 | 587 | 墨杜萨 | 瞬影念杀 | – | 65 | 特殊攻击 |
| 485 | 乔安娜 | 极速冲撞 | – | 55 | 物理攻击 | 591 | 杰洛恩 | 光闪击 | – | 70 | 物理攻击 |
| 490 | 劳克蒙德 | 真空闪 | – | 65 | 特殊攻击 | 597 | 史密斯 | 瞬爪 | – | 55 | 物理攻击 |
| 496 | 洛卡斯特 | 音速撞击 | 19 | 60 | 物理攻击 | 599 | 吉米莉亚 | 快攻 | 1 | 45 | 物理攻击 |
| 498 | 阿葵利亚 | 暗涌突袭 | – | 60 | 特殊攻击 | 601 | 火刃 | 速射火球 | 29 | 65 | 特殊攻击 |
| 500 | 阿尔比零 | 瞬闪 | 17 | 70 | 物理攻击 | 603 | 埃尔夫 | 急速冷冻 | – | 70 | 特殊攻击 |
| 501 | 巴斯特 | 土遁击 | 9 | 70 | 物理攻击 | 606 | 克斯莉 | 快攻 | – | 45 | 物理攻击 |
| 502 | 朵拉格 | 暗涌突袭 | 17 | 60 | 特殊攻击 | 609 | 可泰勒 | 飞速冰环 | 21 | 65 | 特殊攻击 |
| 508 | 桑诺特 | 快攻 | 1 | 45 | 物理攻击 | 611 | 卡帕达 | 快攻 | 1 | 45 | 物理攻击 |
| 511 | 撒格利加 | 极速黑芒 | – | 70 | 物理攻击 | 617 | 肯佩德 | 快攻 | – | 45 | 物理攻击 |
| 516 | 奈落达尔 | 极光飞弹 | 25 | 65 | 特殊攻击 | 619 | 嘟嘟卡拉 | 闪光一击 | 13 | 70 | 物理攻击 |
| 518 | 奈加恩 | 极光飞弹 | 25 | 65 | 特殊攻击 | 622 | 加鲁德 | 急速重拳 | 13 | 65 | 物理攻击 |
| 520 | 古林斯特 | 迅捷突击 | – | 70 | 物理攻击 | 624 | 沃德斯特 | 快攻 | – | 45 | 物理攻击 |
| 522 | 丁里克 | 闪光一击 | 13 | 70 | 物理攻击 | 626 | 卡拉巨龙 | 闪光一击 | – | 70 | 物理攻击 |
| 525 | 咕咕果 | 急速穿刺 | – | 65 | 特殊攻击 | 628 | 远古塔拉 | 飞射碎石 | 21 | 75 | 物理攻击 |
| 530 | 乌索达 | 音速水箭 | 17 | 60 | 物理攻击 | 631 | 依卡劳特 | 突刺 | 9 | 55 | 物理攻击 |
| 532 | 齐格萨 | 快攻 | – | 45 | 物理攻击 | 634 | 依卡劳特 | 瞬灭斩 | 29 | 70 | 特殊攻击 |
| 535 | 古拉草 | 急速穿刺 | – | 65 | 特殊攻击 | 634 | 德格拉克 | 电光火石 | 1 | 40 | 物理攻击 |
| 538 | 克拉尼特 | 破空瞬抓 | – | 75 | 物理攻击 | 636 | 符拉迪诺 | 无影鬼火冲 | 25 | 70 | 物理攻击 |

| 序号 | 精灵名称 | 技能名称 | 等级 | 威力 | 攻击类型 | 序号 | 精灵名称 | 技能名称 | 等级 | 威力 | 攻击类型 |
|---|---|---|---|---|---|---|---|---|---|---|---|
| 638 | 符尔加登 | 急冻霜爆 | – | 70 | 特殊攻击 | 741 | 吉尼萨 | 穿越突袭 | 25 | 65 | 物理攻击 |
| 641 | 希格瑞特 | 快攻 | 1 | 45 | 物理攻击 | 743 | 丽萨克 | 闪光一击 | 13 | 70 | 物理攻击 |
| 643 | 吉鲁加尔 | 快攻 | 1 | 45 | 物理攻击 | 744 | 雷奥 | 音速水箭 | 17 | 60 | 特殊攻击 |
| 645 | 扎尔酷 | 急电火球 | 25 | 60 | 特殊攻击 | 746 | 基鲁 | 快攻 | 1 | 45 | 物理攻击 |
| 647 | 佩斯里 | 光速射线 | – | 60 | 特殊攻击 | 750 | 塔米多德 | 疾速飞击 | 15 | 70 | 特殊攻击 |
| 649 | 卡奥鲁 | 瞬爪 | – | 55 | 物理攻击 | 751 | 珠儿鸟 | 迅隧击 | 17 | 60 | 物理攻击 |
| 654 | 卡拉尼 | 土遁击 | 15 | 70 | 物理攻击 | 754 | 斯林德 | 黑暗突击 | 17 | 65 | 物理攻击 |
| 656 | 帕多尼 | 光暗一击 | 34 | 70 | 物理攻击 | 756 | 邪特 | 闪光一击 | 70 | 70 | 物理攻击 |
| 659 | 加洛德 | 急速穿刺 | 9 | 65 | 特殊攻击 | 760 | 炎魔 | 暗算 | 9 | 70 | 物理攻击 |
| 664 | 塞迪拉 | 土遁击 | 15 | 70 | 物理攻击 | 763 | 库吉拉尔 | 暗涌突袭 | – | 60 | 特殊攻击 |
| 666 | 古琪 | 眩光冲刺 | 17 | 70 | 特殊攻击 | 769 | 本兰 | 快攻 | 1 | 45 | 物理攻击 |
| 668 | 普拉顿 | 快攻 | 1 | 45 | 物理攻击 | 886 | 卡迪达克 | 土龙破 | 45 | 70 | 物理攻击 |
| 670 | 哈德克 | 激光速射 | 25 | 75 | 特殊攻击 | 897 | 赛特 | 浮空突击 | 9 | 75 | 物理攻击 |
| 674 | 洛迦 | 迅影偷袭 | – | 60 | 物理攻击 | 899 | 神枪 | 水下伏击 | 10 | 80 | 特殊攻击 |
| 676 | 迦贺 | 快攻 | 1 | 45 | 物理攻击 | 901 | 亚尼 | 凌空一击 | 17 | 70 | 物理攻击 |
| 689 | 符萨塔斯 | 快攻 | 1 | 45 | 物理攻击 | 904 | 阿尔莫尼 | 天际之光 | 49 | 120 | 物理攻击 |
| 691 | 泰勒斯 | 闪光一击 | 13 | 70 | 物理攻击 | 912 | 哈尔克 | 空翔闪 | 49 | 80 | 物理攻击 |
| 692 | 扶来 | 电光火石 | 9 | 40 | 物理攻击 | 932 | 马尔洛 | 空灵之光 | 29 | 90 | 特殊攻击 |
| 695 | 狄修斯 | 快攻 | 1 | 45 | 物理攻击 | 944 | 斯肯 | 影之利刃 | 17 | 80 | 物理攻击 |
| 695 | 狄修斯 | 幻象之身 | 41 | – | 属性攻击 | 951 | 库卡 | 土龙破 | – | 70 | 物理攻击 |
| 698 | 艾洛达 | 魔光闪 | 21 | 65 | 特殊攻击 | 956 | 陶诺 | 拳风 | 13 | 70 | 物理攻击 |
| 703 | 小可 | 水流喷射 | – | 40 | 特殊攻击 | 958 | 加洛特 | 组合击 | – | 55 | 物理攻击 |
| 708 | 桑德 | 快攻 | 1 | 45 | 物理攻击 | 960 | 哲克 | 破浪之光 | – | 75 | 特殊攻击 |
| 710 | 卡普 | 快攻 | 1 | 45 | 物理攻击 | 964 | 尼诺尔 | 炽热火焰 | 21 | 80 | 特殊攻击 |
| 715 | 德拉萨 | 急速龙爪 | 21 | 65 | 物理攻击 | 975 | 巴尔 | 破浪 | – | 80 | 物理攻击 |
| 717 | 康克特 | 急速冷冻 | 25 | 70 | 特殊攻击 | 978 | 奈迪特 | 混沌突击 | – | 90 | 物理攻击 |
| 719 | 符达拉克 | 飞身重击 | 10 | 65 | 物理攻击 | 980 | 文文 | 炫光冲击 | – | 80 | 特殊攻击 |
| 723 | 库鲁 | 拔刀突击 | 9 | 55 | 物理攻击 | 998 | 乔伊 | 炫光冲击 | 17 | 80 | 特殊攻击 |
| 728 | 马力 | 夜空闪 | 17 | 70 | 物理攻击 | 1000 | 奥尔德 | 空灵之光 | – | 60 | 特殊攻击 |
| 729 | 鱼龙王 | 暗潮 | 9 | 40 | 特殊攻击 | 1011 | 冰狐 | 冰霜之爪 | 17 | 80 | 特殊攻击 |
| 731 | 斯特诺亚 | 音速水箭 | 9 | 60 | 特殊攻击 | 1022 | 黑格 | 黑暗突击 | 5 | 65 | 物理攻击 |
| 732 | 蒙多 | 光闪击 | 17 | 70 | 物理攻击 | 1024 | 莫卡 | 土遁击 | 9 | 70 | 物理攻击 |
| 734 | 电雪球 | 迅雷击 | 21 | 70 | 特殊攻击 | 1026 | 冰铢 | 冰刺突击 | 9 | 65 | 物理攻击 |
| 736 | 拉鲁 | 突击 | 1 | 45 | 物理攻击 | 1029 | 麦斯 | 先发制人 | 13 | 80 | 特殊攻击 |